J'ARRÊTE DE MANGER MES ÉMOTIONS !

Je dédie ce livre à toutes les femmes qui « mangent » leurs émotions, à celles qui enchaînent les régimes depuis de nombreuses années et qui se sentent mal dans leur corps. Je sais à quel point cela peut être une souffrance. J'espère que ce livre vous permettra de (re)trouver votre sourire et votre joie de vivre.

Je dédie aussi ce livre à mes enfants : en allant au bout de mes rêves, j'espère leur donner envie de faire de même.

Isabelle Veverka

J'ARRÊTE DE MANGER MES ÉMOTIONS !

LAROUSSE
21, RUE DU MONTPARNASSE - 75283 PARIS CEDEX 06

Préface

Qui n'est jamais monté sur une balance ? Qui n'a jamais contemplé sa silhouette devant un miroir ? Qui ne s'est jamais dit qu'il y avait peut-être trop de ceci et pas assez de cela ? En réponse à la question sous-jacente de l'alimentation et de son équilibre, il existe de nombreux ouvrages qui nous guident afin que nous puissions perdre du poids si nous en manifestons le besoin, ou alors d'en gagner – mais en qualité. Force est de constater que devant l'offre disponible, il est difficile de faire un choix.

Qui n'a jamais été confronté à l'effet yo-yo en cherchant à perdre quelques kilos ? Ou alors qui n'a pas entendu un(e) ami(e) lui raconter qu'à la suite de la perte de quelques kilos, il(elle) était revenu(e) à son poids initial avec une légère plus-value ? Bref, il est facile de disserter sur la logique qui prévaut pour perdre quelques kilos superflus, sur la façon de dépenser plus de calories qu'on en ingère, mais il faut se rendre à l'évidence : c'est très compliqué. D'autant que s'il s'agit effectivement de perdre du poids, il s'agit aussi d'éviter par la suite d'en reprendre, voire de dépasser le poids initial.

Il existe pourtant des règles de bon sens pour réussir à faire attention à ce qu'on mange. Tout cela sans se priver et en prenant du plaisir ! Nous sommes capables d'atteindre nos objectifs sans culpabiliser, même lorsque c'est plus long que prévu ; et aussi d'accepter qu'en la matière, il n'y a aucune justice ! Ce qui marche chez l'un ne marche pas forcément chez l'autre, ce qui est source de prise de poids pour l'un ne l'est pas forcément pour l'autre. Le ratio dose/effet dans l'ingestion de certains aliments est très variable d'un individu à un autre. Est-il donc possible de relever des « recettes » – terme approprié ici – pour perdre du poids, tout en gardant à l'esprit qu'il n'y a pas de « prêt-à-maigrir » ? Ce qui prévaut est l'adaptation de la stratégie à chacun. Dès lors, comment s'y prendre ? Quelles sont ces recettes ? Quels sont les leviers d'adaptation ?

Pour répondre à ces questions, il est indispensable d'avoir une vision intégrative des différents points pour concevoir les démarches qui permettront aux uns et aux autres d'atteindre leurs objectifs en termes de perte de poids. C'est justement ce que propose l'auteure de cet ouvrage, Isabelle Veverka.

Avant de se lancer dans la rédaction et la conception des pages qui suivent, elle s'est à la fois livrée à un travail d'introspection qui lui a permis de mieux se connaître, et à une revue de la littérature pouvant sembler pertinente au regard des variables apparaissant comme déterminantes. Elle a identifié ces différents leviers sur la base de son expérience personnelle mais aussi professionnelle.

Elle a bien mis en évidence le rôle prépondérant de la culpabilité et la facilité avec laquelle nous pouvons la ressentir lorsqu'on s'octroie des écarts lors d'une occasion particulière, invitation à un événement, fête… aux cours desquelles nous oublions nos bonnes résolutions. Elle a aussi très bien décrit ce que nous ressentons lorsque nous n'atteignons pas nos objectifs et combien il est facile alors de basculer à nouveau vers la culpabilité, voire la résignation… Sauf si on est capable à ce moment de faire preuve de bienveillance envers soi.

L'originalité de la démarche d'Isabelle Veverka consiste justement en cette vision intégrative, qu'elle a su adopter en questionnant des éléments relevant de la physiologie et de la diététique, voire de la microbiologie, mais aussi en puisant dans les ressources de la psychologie positive, en valorisant l'importance des émotions, de l'activité physique ou s'intéressant aux problématiques liées à la qualité du sommeil… pour en tirer la belle synthèse qu'elle nous livre dans cet ouvrage qui offre des solutions pratiques à toutes celles et tous ceux qui cherchent à équilibrer leur alimentation, quelle qu'en soit la raison.

On retrouve donc tout au long de l'ouvrage une argumentation très pertinente fondée sur des cas pratiques ou des témoignages qui permettront aussi à chacun de mieux se connaître, de toujours mieux identifier ce qui lui convient pour la gestion du stress, par exemple, avec les options qu'elle décrit en termes de méditation, de musique, d'écriture ou d'exercice physique… Chaque partie se conclut par une synthèse avec des solutions pratiques et des recommandations qu'il est très simple de mettre en place. Isabelle Veverka propose des recettes ainsi que des exemples de menus pour inciter le lecteur à planifier ses repas. Cet aspect pratique est évidemment d'une grande aide lorsqu'il s'agit de passer des explications à leurs applications concrètes. L'ouvrage se termine enfin par une série de témoignages démontrant que si certaines personnes sont parvenues à leurs objectifs, alors nous le pouvons aussi !

La rédaction d'une préface est toujours un exercice délicat. Il est nécessaire de se laisser imprégner de la logique de l'auteur dans la rédaction de son ouvrage, et bien entendu aussi de partager au maximum ses points de vue. Dans le cas présent, cela aura été un réel plaisir tant je partage la vision d'Isabelle Veverka, évidemment au regard de la psychologie positive, mais aussi de l'activité physique et de l'ensemble de la problématique traitée ici.

Par ailleurs, n'est-il pas rassurant de constater que des travaux de recherche peuvent infuser dans la vie de tous les jours pour chacune des personnes intéressées ? De contribuer au bien-être de tous ? Il est parfois demandé aux chercheurs ce qu'ils trouvent… Isabelle Veverka a su justement s'inspirer de certains résultats en expliquant simplement leurs implications pratiques. En tous les cas, elle ne peut être que satisfaite d'avoir assouvi son rêve d'écriture ! Je la remercie donc de m'avoir sollicité pour rédiger cette préface et je vous souhaite à toutes et à tous une excellente lecture !

Professeur Charles Martin-Krumm

École de psychologues praticiens à Paris

Président élu de l'Association française et francophone de psychologie positive

Fellow de l'Association mondiale de psychologie positive (IPPA)

Agrégé d'éducation physique et sportive

Sommaire

Carnet de recettes

Petit déjeuner

Déjeuner

Dîner

Goûter et dessert

INTRODUCTION

Je m'appelle Isabelle. Mariée et maman de deux enfants, je suis coach en nutrition et psychologie positive. En juin 2020, j'ai créé « la méthode Isabelle Minceur », la première méthode en France qui associe la **psychologie positive et l'alimentation IG bas**. Elle s'inspire également beaucoup des **principes de l'ayurvéda** (médecine traditionnelle indienne) dont je suis passionnée. Après avoir effectué des centaines de consultations, animé des programmes de groupe, des conférences et des *master class*, je suis en mesure de vous partager une méthode minceur éprouvée et révolutionnaire !

Tous les conseils que je donne dans les pages suivantes ont d'abord été suivis par moi-même. Je les ai ensuite partagés avec les femmes que j'accompagne. Tous les jours, j'observe des résultats plus exceptionnels les uns que les autres. Je suis ravie de voir de quelle façon ces femmes se métamorphosent !

Au fil des pages, vous constaterez que certains conseils sont répétés plusieurs fois : c'est intentionnel. En effet, selon les contextes et les moments de lecture, vous n'y serez pas sensible de la même manière.

Les objectifs de cet ouvrage sont les suivants :

- Vous **aider à comprendre la notion de l'index glycémique (IG) bas**, qui peut paraître difficile d'accès si vous la découvrez tout juste… Ici, j'ai simplifié pour vous au maximum !
- Vous **faire découvrir l'incroyable pouvoir de la psychologie positive** dans le cadre d'un projet minceur à travers des conseils très concrets.
- Vous **motiver grâce aux *success stories*** de femmes afin que vous puissiez vous identifier et vous dire : « C'est possible ! »

TOUT AU LONG DU LIVRE, JE VOUS INVITERAI À DIRE STOP À CES 10 IDÉES REÇUES :

1. **Le sucre se trouve uniquement dans les gâteaux et les sucreries. (Voir p. 24)**
2. **Le sans gluten est une mode. (Voir p. 31)**
3. **Il faut restreindre les quantités et compter les calories pour mincir. (Voir p. 45)**
4. **C'est le gras qui fait grossir. (Voir p. 51)**
5. **Prendre un goûter fait grossir. (Voir p. 53)**
6. **Il est impératif de manger très léger le soir et uniquement des légumes. (Voir p. 55)**
7. **Pour mincir, les féculents doivent être supprimés. (Voir p. 57)**
8. **Pour mincir sur le long terme, aucun écart n'est permis. (Voir p. 60)**
9. **La psychologie positive, c'est comme la pensée positive. (Voir p. 121)**
10. **L'activité physique fait mincir et permet de manger tout ce qu'on veut. (Voir p. 150)**

Je détaillerai chacune de ces idées reçues.

bon usage
GOOSSE
A.E. VAN VOGT
ASIMOV
ASIMOV
ASIMOV
PRIMER
Pierre Guérin
COUPOLES
FINANCE DE MARCHÉ
Options, futures et autres actifs dérivés

Si vous appliquez ma méthode, voici ce qu'il va se passer pour vous, en très peu de temps :

- Vous aurez **davantage d'énergie** ;
- Vous **réduirez vos fringales de sucré** ;
- Vous ne vous sentirez **pas frustrée** ;
- Vous **perdrez vos premiers kilos** ou centimètres.

Mais, surtout, vous aurez toutes les **clés en main pour acquérir une plus grande stabilité émotionnelle**. Vous réussirez ainsi à ne plus compenser par la nourriture et à consolider cette perte de poids. Terminé, l'effet yo-yo !

Mieux dans votre corps et en meilleure santé, vous vous sentirez pleine d'énergie pour accomplir vos projets. Vous serez plus alignée avec vos aspirations profondes et pourrez profiter pleinement de la vie. Vous déclencherez la loi d'attraction grâce à la psychologie positive pour réaliser tous vos rêves !

Par un **effet miroir**, vos proches se transformeront aussi : l'énergie positive et de meilleures habitudes alimentaires que vous mettrez en place seront bénéfiques pour eux aussi. De nombreuses femmes que j'accompagne me relatent que **leur mari et/ou leurs enfants ont également perdu du poids** ou encore que leurs **relations familiales** sont plus harmonieuses.

LA LECTURE ACTIVE

Si vous avez une mémoire visuelle, je vous conseille ce mode de lecture qui consiste à **surligner ou annoter** les passages qui vous interpellent. Il vous aidera à mieux passer à l'action ensuite. Vous pouvez aussi relire les encadrés « En résumé » de chaque chapitre afin de mieux les assimiler.

NAISSANCE DE LA MÉTHODE ISABELLE MINCEUR : MON TÉMOIGNAGE

J'ai souhaité vous partager mon témoignage en guise d'introduction, car, pour créer ma méthode, je me suis énormément appuyée sur mon vécu. Pour cette raison, je suis d'autant plus convaincue qu'elle fonctionne ! Bien sûr, je constate son efficacité au quotidien auprès des femmes que j'accompagne, et je le ressens aussi personnellement.

Mon changement d'hygiène de vie

Mon changement d'hygiène de vie s'est déroulé il y a près de cinq ans. À l'époque, j'étais cadre en marketing digital dans un grand groupe. Je venais d'être maman pour la première fois. Ma charge mentale était importante, comme pour beaucoup de femmes : après une journée à cent à l'heure au travail, j'enchaînais sur une deuxième journée en allant chercher ma fille chez la nounou… Lorsque le week-end arrivait, je me sentais souvent vidée de mon énergie. Le soir, en rentrant du travail, j'avais des fringales et une tendance à grignoter en préparant le repas. Je le faisais d'autant plus lorsque la journée avait été stressante ou que j'étais contrariée.

Mon changement d'hygiène de vie s'est fait progressivement, en trois étapes : premièrement, je change mon alimentation ; ensuite, je m'accorde du temps pour prendre soin de moi ; enfin, j'apprends à gérer le stress.

Je modifie mon alimentation

> *« Que ton aliment soit ton médicament. »*
>
> Hippocrate

Il y a quelques années, je souffrais de tout un tas de maux :

- Grande fatigue et difficulté à me lever le matin ;
- Ballonnements très fréquents ;
- Mycoses à répétition ;
- Transit alternant constipation et diarrhées (intestin irritable) ;
- Maux de tête ;
- Douleurs articulaires ;
- Tendance à la déprime ;
- Problèmes dermatologiques (boutons inflammatoires) ;
- Lésions liées au papillomavirus ;
- Angines et rhumes fréquents.

J'avais aussi accumulé **6 kilos en trop**. Je prenais tous les ans un peu de poids, tranquillement mais sûrement... Je n'ose imaginer ce que cela aurait été dix ans plus tard !

Un jour, alors que je suis en vacances au Maroc, je prends du pain à la semoule au petit déjeuner. Toute la journée, **je me sens épuisée, j'ai des maux de tête et je suis désagréable** sans raison apparente, car je suis dans un endroit magnifique au soleil. C'est alors que je fais le lien avec ce petit déjeuner un peu différent de celui que je consomme d'habitude.

En effectuant des recherches, je comprends que je pourrais être **intolérante au gluten**. Je me rends compte alors que chaque fois que je mange des pâtes, du pain ou des aliments à base de gluten, je me sens fatiguée, j'ai mal à la tête et mon humeur est très mauvaise.

À mon retour, mon médecin généraliste me fait passer des **tests d'intolérance alimentaire**, et le verdict tombe : intolérance au gluten, au lactose et à quelques aliments (sésame et certains oléagineux notamment). En me documentant, je mets des mots sur mes maux : intolérances alimentaires, candidose et intestin irritable.

Dès lors, j'ai commencé à m'intéresser à la **nutrition**. Depuis, c'est devenu une passion ! Je me suis aussi passionnée pour l'**ayurvéda, médecine traditionnelle indienne**, et j'ai mis en place les principes qu'elle recommande pour une bonne digestion. Rapidement, je me suis sentie moins ballonnée et moins fatiguée. Néanmoins, les recommandations en matière d'alimentation ne me convenaient pas totalement.

C'est alors que j'ai découvert l'alimentation à IG bas, qui a été pour moi un vrai déclic. En effet, j'étais très souvent sujette aux fringales et aux envies de sucre, surtout en fin de journée. Il m'arrivait aussi de faire des crises d'hypoglycémie. Comme cette alimentation me procurait un sentiment de satiété prolongé entre les repas, mes fringales ont disparu. En régulant ma glycémie grâce à l'alimentation à IG bas, je me suis rapidement sentie mieux.

J'ai aussi découvert et expérimenté le **lien qui existe entre l'intestin et le cerveau** : au fur et à mesure que je modifiais mon alimentation, je me sentais mieux dans ma tête. Ce que j'ai surtout apprécié avec l'alimentation à IG bas, c'est qu'il n'y a aucune frustration : on peut convertir facilement beaucoup de plats et même des gâteaux en version IG bas.

Des bénéfices inespérés

Les **premiers bénéfices** après quelques jours seulement ont été :

- Davantage d'énergie ;
- Disparition des fringales ;
- Moins d'envies de sucre ;
- Disparition des ballonnements (un peu comme si j'avais « dégonflé ») ;
- Disparition des douleurs articulaires (en lien avec l'arrêt du gluten et du lactose).

Ensuite, au fil du temps, j'ai constaté un **réel changement de ma santé** en général :

- J'ai perdu 6 kilos et retrouvé ma silhouette de jeune fille ;
- Je me sens plus sereine, moins stressée et moins irritable ;
- Ma candidose a disparu ;
- Je ne suis presque jamais malade ;
- Mon dentiste me voit uniquement pour des détartrages ;
- Mon transit est parfaitement régulé ;
- Je n'ai plus de syndrome prémenstruel ni de règles douloureuses ;
- Mon papillomavirus est de l'histoire ancienne.

Moi avant et après la mise en place de ma nouvelle hygiène de vie.

Enfin, ce qui a été le plus impressionnant pour moi, c'est la manière dont se sont déroulés ma **seconde grossesse** et mon **post-partum**. Étant donné qu'à ma première grossesse je n'avais pas encore cette hygiène de vie, j'ai pu comparer et observer la différence.

La première chose qui m'a surprise, c'est que je suis tombée enceinte très rapidement. Je suis convaincue qu'une bonne hygiène de vie permet de mettre toutes les chances de son côté pour améliorer sa fertilité. Même si, bien sûr, d'autres facteurs sont à prendre en compte dans ce domaine.

Hormis des problèmes de circulation aux jambes et des nausées durant les premiers mois, je n'ai eu aucun des désagréments courants de la grossesse :

- Pas d'hypertension ;
- Pas de diabète gestationnel ;
- Pas de remontées acides (alors que j'en avais eu beaucoup la première fois !) ;
- Aucun problème de transit ni d'hémorroïdes ;
- Très bon sommeil.

Zoom sur...
La candidose

Candida albicans est un champignon naturellement présent dans notre organisme, mais qui a tendance à proliférer lorsque notre microbiote intestinal est déséquilibré, entraînant alors une candidose. Les symptômes sont les suivants :

- Fatigue chronique ;
- Intolérances alimentaires ;
- Mycoses aux pieds (talons fendillés ou crevassés) avec ongles qui blanchissent, mycoses vaginales avec pertes blanches abondantes, muguet buccal, etc. ;
- Langue chargée, surtout au réveil, et mauvaise haleine ;
- Troubles du transit (diarrhées et/ou constipation) et intestin irritable ;
- Troubles digestifs : ballonnements, brûlures d'estomac... ;
- Problèmes cutanés.

À l'origine de ces désagréments il y a plusieurs facteurs : le stress qui acidifie énormément notre microbiote ce qui l'affaiblit ; une alimentation trop sucrée ou une addiction au sucre ; la prise d'antibiotiques ; un déséquilibre émotionnel, par exemple lorsque la personne ressent qu'elle n'a pas pris sa place, professionnellement ou même au sein de sa famille.

Grâce à ma méthode, vous pourrez vous débarrasser de votre candidose, comme ce fut mon cas. Et cela est essentiel, car, pour aller au bout de votre projet minceur, il est important que vous **rééquilibriez votre microbiote intestinal**, afin de ne pas arrêter net votre perte de poids.

Ensuite, lors du post-partum :

- Pas de sensation de déprime ;
- Une plus grande facilité à gérer les nuits entrecoupées ;
- Pas de vergetures ;
- J'ai retrouvé un ventre plat deux semaines après l'accouchement.

Moi enceinte puis deux semaines après l'accouchement.

Je décide de prendre soin de moi

> *« N'oubliez pas de prendre soin de la personne avec laquelle vous allez passer toute votre vie : vous ! »*
>
> Anonyme

Entre le travail et ma vie de famille, j'avais un peu tendance à oublier de prendre soin de moi. J'étais très investie dans mon travail où l'on me confiait toujours plus de dossiers. J'enchaînais les réunions toute la journée. Le vendredi, j'étais en télétravail, mais c'était encore pire : je prenais à peine le temps de déjeuner et profitais de ma pause du midi pour faire quelques courses.

Mon timing était très serré, car le soir je devais partir tôt pour récupérer ma fille chez la nounou. J'avais presque 1 heure 30 de transport par jour pour aller travailler et l'impression de courir tout le temps... Le vendredi soir, j'étais vidée et j'attendais les vacances avec impatience.

Un lundi matin, mon corps a dit stop. J'avais trop tiré sur la corde. Ce jour-là, je suis arrivée au bureau, j'ai ouvert ma messagerie et, en regardant mon ordinateur, j'ai eu l'impression d'être dans le brouillard. Lors de la première réunion de la matinée, ma responsable m'a posé une question et, là, mon cœur s'est emballé, mon souffle est devenu court, j'avais l'impression d'étouffer. J'ai réussi péniblement à reprendre mes esprits, mais j'étais exténuée. Et nous n'étions que lundi matin... Je suis allée voir mon médecin, qui m'a arrêtée plusieurs jours. J'en profite pour lui rendre hommage, car ce fabuleux docteur m'a aussi donné un bon coup de pouce lorsqu'il m'a dit quelques mois plus tard : « Il faut vous mettre en mouvement ! » C'est ainsi que l'idée d'une reconversion a commencé à germer dans ma tête.

Je me souviens très bien de cette période d'arrêt. Je passais mes journées à me promener dans un parc, complètement déboussolée. J'ai pris conscience que la situation ne pouvait plus durer. **Je devais prendre davantage soin de moi.**

Petit à petit, j'ai augmenté le temps que je m'accordais, ce qui m'a fait un bien fou ! Cours de yoga, massages et soins du corps, bains, sophrologie et méditation (*via* des vidéos sur YouTube), dîners et week-ends avec mes amies ou à deux avec mon mari... Aujourd'hui, j'en fais une **priorité** ! Avec le recul, je me rends compte que, lorsque je prends soin de moi, je suis plus efficace dans mon travail, plus zen, en particulier avec mes enfants et de manière générale. C'est un vrai cercle vertueux !

Je me suis toujours intéressée au **développement personnel**. Dans le cadre de mon travail, dès qu'une occasion se présentait, je la saisissais pour suivre une formation liée au développement personnel. C'est ainsi que j'ai pu bénéficier d'un **coaching** dont l'objectif était d'améliorer ma prise de parole en public. Finalement, cette formation m'a été bénéfique à titre personnel : j'ai commencé à prendre conscience que ma **reconversion professionnelle** était possible ! Je suis convaincue que prendre soin de soi, c'est aussi se donner le temps de réfléchir à ses **aspirations profondes**. Dans nos vies à cent à l'heure, on se pose si rarement !

La méditation m'a aussi beaucoup aidée à réfléchir à ma reconversion. Je pratique ce que j'appelle la **« méditation du quotidien »** : j'écoute une musique méditative lorsque je marche, quand je suis en voiture, fais la cuisine ou encore le soir avant de dormir. Je laisse venir mes pensées, c'est très apaisant et reposant. Cela favorise l'**introspection** et les **prises de conscience**.

J'ai pris aussi l'habitude de faire régulièrement des **marches méditatives** : marcher au son d'une musique méditative. Lorsque j'étais en télétravail, je les faisais lors de la pause déjeuner, pendant 15 à 20 minutes. Elles n'ont pas besoin d'être longues. Méditer est très apaisant et me permet aussi de trouver beaucoup d'idées ! C'est propice à la **créativité**, par exemple lorsqu'on est dans une phase de recherche de ses aspirations.

J'apprends à mieux gérer mon stress

> *« Accepte ce qui est, laisse aller ce qui était et aie confiance en ce qui sera. »*
>
> Bouddha

Le stress faisait partie intégrante de mon quotidien : dossiers à rendre au travail, organisation du quotidien pour ma famille, gestion des horaires, bref, toujours cette fameuse charge mentale ! Petit à petit, j'ai développé des astuces qui m'ont permis de diminuer ce stress, et surtout de ne pas l'augmenter.

C'est ainsi que je me suis mise à **moins regarder les informations à la télévision**, notamment sur les chaînes d'information en continu que je ressentais comme très anxiogènes. Je me suis créé un **« sas de décompression »** en sortant du travail : sur le trajet de retour à la maison, j'écoutais une musique douce et j'évitais les écrans (du téléphone en particulier). C'était idéal pour arriver plus zen et entamer ma « deuxième journée » de maman.

J'ai aussi pris l'habitude de m'accorder **régulièrement des petites pauses**, alors que j'avais tendance à enchaîner les heures de travail sans quitter ma chaise.

EN RÉSUMÉ :

- **Au-delà de la minceur, manger IG bas, c'est aussi gagner en santé.**
- **Prendre soin de soi est la clé pour se sentir mieux au travail et dans sa vie personnelle.**
- **Il est possible de gérer son stress grâce à des petites astuces du quotidien.**

Mon déclic avec la psychologie positive

J'ai découvert la psychologie positive en suivant une conférence en ligne et cette discipline m'a tout de suite interpellée. Ce jour-là, j'ai eu un déclic ! J'ai alors décidé de me former pour en apprendre plus sur le sujet. Tout au long de la formation, j'ai appliqué les différents exercices et outils proposés, et je peux dire qu'ils ont eu un **effet magique !**

Je pose un regard plus positif sur la vie

> *« Il y a deux façons de penser. L'une est de croire que les miracles n'existent pas. L'autre est de croire que chaque chose est un miracle. »*
>
> Albert Einstein

Le premier exercice proposé quand on commence une formation en psychologie positive consiste à lister tous les jours les choses positives de la journée. Cette habitude m'a permis, au fur et à mesure, de me rendre compte que chaque jour recelait de nombreuses choses très positives : un sourire, un message ou un coup de fil, un moment d'échange ou de partage, un accomplissement, autrement dit les **« petits bonheurs du quotidien »**, comme j'aime les appeler !

Auparavant, j'avais tendance à **voir plutôt le verre à moitié vide qu'à moitié plein et à imaginer tout ce qui pourrait mal se passer. J'anticipais les scénarios catastrophe de manière à être prête au cas où... Je valorisais surtout les grandes réalisations**, et j'étais uniquement satisfaite lorsque j'avais accompli de « gros » projets. Depuis, je me suis mise à me satisfaire des **petites victoires** du quotidien, j'ai commencé à m'en féliciter intérieurement et à être fière de moi.

Pas à pas, je suis allée vers plus d'**autobienveillance**, là où, avant, je ressentais de la culpabilité d'avoir mal fait ou de ne pas avoir fait assez. Alors que je focalisais très souvent mon attention uniquement sur ce qui n'était pas fait dans ma to do-list, j'ai commencé à noter tout ce que j'avais fait et qui n'était pas prévu !

L'autobienveillance, c'est aussi accepter son corps tel qu'il est. Comme tout le monde, j'avais des complexes, mais j'ai décidé de me **focaliser sur que j'aimais dans mon corps**. M'étant délestée de mes 6 kilos grâce à l'alimentation à IG bas, j'étais ravie d'avoir désormais des jambes plus fines et je me suis mise à porter davantage de jupes et de robes.

Si, avant, je m'arrêtais à chaque petite contrariété, j'ai commencé à mesurer la chance que j'avais et à me le répéter régulièrement. Quand je voyais quelqu'un avec des béquilles dans la rue, je me disais que j'avais de la chance d'être en bonne santé. Lorsque j'entendais des histoires de divorce, je me rappelais que j'avais de la chance d'avoir un couple solide. Une façon efficace de relativiser les petits tracas du quotidien.

Ainsi, la **gratitude** est devenue partie intégrante de ma vie et c'est assez fabuleux ! La gratitude, c'est aussi savoir remercier les gens qui vous ont donné un coup de pouce dans votre vie – souvent, on ne leur en témoigne pas. Le faire renforce les relations.

Je prends confiance en moi

> *« Croyez en vos rêves et ils se réaliseront peut-être. Croyez en vous et ils se réaliseront sûrement. »*
>
> Martin Luther King

Depuis mon plus jeune âge, **je pensais que j'étais timide et réservée**. Et c'était le cas. Je ne me mettais pas en avant, je ne parlais pas fort, je m'habillais en noir ou en gris afin de ne pas me faire remarquer, et j'avais horreur de prendre la parole en public. J'exprimais assez peu mes opinions et j'attendais une validation positive des autres pour me rassurer. **J'avais peur du regard des autres** et j'agissais même parfois en fonction de ce dernier. Tout cela était somme toute assez révélateur d'un manque de confiance en moi.

En psychologie positive, on part du principe que chacun a des forces de caractère et qu'en renforçant ses forces – plutôt qu'en essayant d'améliorer ses faiblesses –, on gagne en confiance. Au départ, l'idée est de **déterminer ses forces**. Pour ma part, j'avais noté :

- Ma capacité à m'organiser ;
- Ma capacité à trouver des solutions ;
- Mon empathie.

Chaque fois que j'utilisais ces points forts dans ma vie de tous les jours et constatais leur efficacité, je le notais. Par exemple, si j'avais une amie au téléphone à réconforter :

1. Je me disais : « J'ai une fois de plus fait preuve d'empathie » ⇒ **force de personnalité renforcée** ;
2. Je me félicitais intérieurement ⇒ **gain de confiance en soi** ;
3. Je notais les mots qui l'avaient réconfortée ⇒ **pour améliorer cette force les prochaines fois avec la même amie ou d'autres personnes !**

Peu à peu, en pratiquant ces prises de conscience, j'ai non seulement bien consolidé ces trois forces de personnalité, mais j'ai aussi commencé à en déceler et en développer d'autres. J'ai gagné en confiance à tous les niveaux, dans ma vie professionnelle comme personnelle :

- Je m'exprime désormais en public lors de *master class* ou de conférences sans appréhension ;
- Je suis à l'aise avec mon image et mon corps sans tenir compte du regard des autres (j'ose porter des vêtements colorés désormais !) ;
- Je suis plus confiante en tant que maman ;
- J'exprime et défends mes opinions ;
- Je sors régulièrement de ma zone de confort et j'ose davantage ;
- Je me donne les moyens de réaliser mes rêves.

Pour gagner en confiance, j'ai également utilisé toutes sortes de petits outils :

- Le mantra : écrire sur un Post-it et le coller sur le miroir de la salle de bains « Je me fais confiance » ou « Je vais y arriver ! » ;
- J'avais modifié mon mot de passe d'ordinateur pour y mettre CONFIANCE ;
- Dès que je voyais quelque part mon chiffre préféré (le 22), je me répétais intérieurement : « Je me fais confiance » ;
- J'ai davantage soigné mon apparence (tenues vestimentaires, coiffure, maquillage…) : cela donne aussi confiance en soi !

Toutes ces petites actions et ces ajustements m'ont permis de faire de l'autopersuasion, d'ancrer de manière profonde le fait que je me fais confiance. Ainsi, je n'ai plus besoin de compliments ou de validations extérieures (de mes patrons à l'époque où j'étais salariée ou de mon entourage) pour avoir confiance en moi. Et cela change tout ! Car, quand on attend des compliments des autres, on est souvent insatisfait.

Désormais, je suis consciente de ma valeur et de mes forces, sans pour autant prendre la « grosse tête » bien sûr ! Mais je n'hésite pas à me féliciter intérieurement de mes réussites et à me dire que je suis fière de moi.

MON CONSEIL

Au départ, il est bien de sortir de sa zone de confort avec des petites choses du quotidien, comme appeler quelqu'un sans craindre de le déranger, arrêter simplement un passant pour lui demander sa direction. Au fur et à mesure, vous vous fixerez d'autres défis.

Je gère de mieux en mieux mes émotions

> *« Pour être heureux, il faut éliminer deux choses : la peur d'un mal futur et le souvenir d'un mal passé. »*
>
> Sénèque

Depuis toujours, j'ai une très grande sensibilité. **Avant cette transformation, je subissais mes émotions.** J'avais tendance à avoir des fluctuations d'humeur qui s'intensifiaient à certaines périodes de mon cycle. En étant plus à l'écoute et dans l'accueil de mes émotions, je suis désormais d'une humeur plus constante. J'ai également fortement augmenté ma dose d'émotions positives ! Pour y parvenir, j'ai mis en place plusieurs habitudes qui m'y ont aidée :

- Je m'octroie régulièrement des moments pour moi, le fameux **« rendez-vous avec moi-même »** dont je vous parlerai plus tard (voir p. 138) ;

- Étant très sensible, **je m'éloigne au maximum de ce qui peut trop me toucher** : actualités, images et récits violents... ;
- J'essaie de **créer un maximum d'émotions positives** en faisant des choses que j'aime, à commencer par mon métier, et en passant du temps avec les gens que j'aime.

J'ai aussi trouvé des moyens de **mieux « digérer » mes émotions** pour ne plus les subir : méditation, yoga, écriture... Tout cela m'a été d'une grande aide !

J'apprends à déclencher la loi d'attraction

> *« Ce que nous sommes est le résultat de ce que nous avons pensé. »*
> Bouddha

La psychologie positive vous aidera à déclencher la bien nommée **« loi d'attraction »**. Elle consiste à croire qu'en se concentrant sur des pensées positives ou des pensées négatives, on peut déclencher des expériences positives ou négatives. Ainsi, grâce à la psychologie positive, j'ai expérimenté le fait d'**attirer davantage de positif dans ma vie**. Qu'il s'agisse de ma reconversion réussie, mais aussi des relations plus profondes que j'entretiens avec mes amis et ma famille ou encore de la réalisation de mes rêves (projets personnels et professionnels).

Dans un premier temps, quand j'étais encore salariée et que j'avais en tête mon projet de reconversion, la psychologie positive m'a aidée à tirer parti de la situation. Alors que j'avais tendance à me plaindre du manque de sens de mon travail, ma formation en psychologie positive m'a aidée à positiver et à passer à l'action !

J'ai accroché au-dessus de mon lit la célèbre citation d'Antoine de Saint-Exupéry :

Depuis ce jour, **j'ai décidé d'identifier mes rêves et de faire en sorte qu'ils deviennent réalité** ! Tous les matins, je voyais cette citation, qui me boostait. Mon rêve était de me reconvertir et me lancer à mon compte dans un métier du bien-être. Écrire ce livre était aussi l'un de mes rêves.

Je me suis mise à :

- Être plus motivée par mon travail de salariée, car je notais à chaque fois tout ce qui pourrait me servir pour mon activité future. Ainsi, j'étais **plus performante et positive**. J'ai même obtenu des primes exceptionnelles et des augmentations ;
- Faire des **coachings tests** avec des membres de ma famille, des collègues, des amies ;
- Continuer de **me former** à titre personnel, mais j'ai aussi profité de formations dans le cadre de mon travail ;
- **Affiner mon projet** par des lectures, un coaching personnel, et en m'inspirant d'autres personnes qui avaient réussi... ;

- **Faire de l'introspection** grâce à la méditation afin de savoir ce que je souhaitais faire réellement ;
- **Rencontrer des personnes** qui m'ont énormément inspirée et aidée à cheminer ;
- **Gagner en confiance** et créer du contenu sur les réseaux sociaux, notamment des vidéos.

Puis j'ai sauté le pas et lancé mon projet, alors que je me suis retrouvée en chômage partiel à cause de la Covid. Pour ma part, cet imprévu a été une belle opportunité que j'ai saisie immédiatement. C'était maintenant ou jamais !

Désormais, je trouve beaucoup de sens dans mon travail et le blues du dimanche soir a disparu : au contraire même, puisque j'ai hâte de retrouver les femmes que j'accompagne ! J'ai également commencé à créer mon **tableau de visualisation** (voir p. 132), puis à me représenter de manière très précise ce que je souhaitais dans ma vie, à la fois personnellement et professionnellement. Du point de vue professionnel, j'avais simplement indiqué quelques mots sur mon tableau de visualisation et tout s'est réalisé :

- Développer ma page Instagram – j'ai aujourd'hui près de 4 000 abonnés ;
- Écrire un livre : le voici ! ;
- Faire des conférences : je suis intervenue dans de grandes entreprises.

J'applique cette technique pour chaque projet personnel ou professionnel : je visualise la réussite de ce dernier de manière très précise. Je l'ai fait pour mon accouchement qui s'est déroulé exactement comme je l'avais imaginé !

EN RÉSUMÉ :

- **La psychologie positive permet de changer de regard sur sa vie et d'en extraire le positif.**
- **En travaillant sur ses forces de caractère, on gagne en confiance en soi.**
- **Enfin, être plus positif permet d'attirer à soi ce que l'on souhaite : c'est la loi d'attraction.**

1

Mettre en place l'IG bas minceur

POURQUOI MODIFIER SON ALIMENTATION ?

Actuellement, **chaque Français consomme 35 kilos de sucre par an**. En 1850, 1 kilo seulement était consommé... C'est dire à quel point le sucre a pris une place prépondérante dans notre alimentation qui s'est profondément transformée. **Les aliments sucrés sont addictifs** : une étude a même prouvé que le sucre est plus addictif que la cocaïne ! C'est pourquoi il est si difficile de s'en désaccoutumer.

Idée reçue n° 1 : « Le sucre se trouve uniquement dans les gâteaux et les sucreries. »

Les aliments sucrés, ce sont bien sûr les sodas, les sucreries, les gâteaux et autres glaces, mais aussi d'autres aliments qui, sans avoir un goût sucré, sont riches en glucides comme le pain blanc, les féculents, les pommes de terre, sans oublier la nourriture industrielle ultra-transformée, dont 80 % des produits contiennent du sucre ajouté !

Savez-vous qu'une baguette de pain blanc renferme l'équivalent de 25 carrés de sucre ou qu'un pot de 125 ml de sauce soja sucrée l'équivalent de 14 carrés de sucre ? Pour voir d'autres exemples tout aussi parlants, je vous conseille de consulter le compte Instagram très imagé **@revolutionsanssucre**.

Ma méthode a pour objectif de vous faire modifier profondément votre alimentation pour découvrir et apprécier **l'alimentation à index glycémique bas** (IG bas). Je vous propose de **limiter la quantité de glucides et d'en améliorer la qualité**. En revanche, il n'est pas question de les supprimer totalement, car un régime drastique n'est pas tenable sur le long terme. Très vite, vous découvrirez **les bénéfices d'une alimentation moins sucrée**, qui vont au-delà de la perte de poids :

- Moins de fatigue (notamment au réveil et après le déjeuner) ;
- Moins de maladies ou une meilleure santé, si vous êtes malade ;
- Meilleure humeur et moins de stress ;
- Moins de fringales ;
- Une plus grande clarté d'esprit.

Qu'est-ce que l'IG bas minceur ?

L'IG bas minceur est un mode d'alimentation qui limite la quantité de glucides, privilégie des glucides de qualité et met l'accent sur le moment optimal de les consommer ainsi que sur la bonne digestion des aliments. C'est avant tout une alimentation et non un régime ; une façon de se nourrir que vous pourrez garder à vie ! Moi-même, j'ai atteint mon objectif poids, mais je garde cette alimentation qui me convient à merveille ! Contrairement aux différents régimes, dans l'IG bas minceur :

- Aucun aliment n'est interdit ;
- Vous ne comptez pas les calories ;
- Vous ne mesurez pas les quantités et mangez à votre faim.

Les bienfaits de l'IG bas minceur :

- Vous digérez mieux ;
- Vous « dégonflez » et vous mincissez ;
- Vous n'êtes pas frustrée.

En revanche, **vous allez devoir commencer à cuisiner maison** si ce n'est pas déjà le cas : c'est le prérequis ! Mais pas d'inquiétude : je vais tout vous expliquer et vous verrez qu'il est possible de cuisiner maison facilement, même quand on a peu de temps.

L'index glycémique et la charge glycémique

L'alimentation d'aujourd'hui est bien différente de celle de nos ancêtres. Autrefois, les aliments consommés étaient en majorité de la viande ou du poisson et des légumes. Le sucre provenait surtout des fruits et du miel. Depuis la mise en place de l'agriculture, les féculents se sont ajoutés à l'alimentation humaine. Désormais, ils sont présents en quantité importante et à presque tous les repas. Apparue plus récemment, la nourriture industrielle cause beaucoup de dégâts. De nombreux aliments sont ultra-transformés, très sucrés et contiennent des substances qui ne conviennent pas à notre système digestif.

Il y a quelques années, une différence était faite entre les sucres dits « lents » (féculents) et les sucres dits « rapides » (gâteaux et autres sucreries). Depuis, il a été prouvé que les deux types de sucres avaient le même impact sur l'élévation de la glycémie (taux de sucre dans le sang). Suite à cette constatation, des chercheurs américains ont mis au point, dans les années 80, la notion d'index glycémique. **L'index glycémique (ou IG)** est une valeur comprise entre 0 et 100 qui permet de classer les aliments en fonction de leur influence sur l'augmentation de la glycémie dans les heures qui suivent leur ingestion (100 correspondant à l'IG du glucose).

On distingue trois niveaux d'index glycémique :

- **IG bas < 50**
- **IG moyen : entre 50 et 70**
- **IG élevé > 70**

On considère que les aliments dont l'IG est bas ou moyen contiennent des glucides de meilleure qualité. Un aliment qui fait augmenter fortement et rapidement le niveau de la glycémie possède un IG élevé. Si on consomme beaucoup d'aliments à IG élevé, notre pancréas – qui produit l'insuline (hormone régulant la glycémie) – est soumis à rude épreuve et risque de s'affaiblir progressivement.

Les pics, ou élévations brusques, de glycémie provoquent :

- **À court terme**, de la fatigue après les repas (« coup de barre »), davantage d'envies de grignotage (sucrées en général) ;
- **À moyen terme**, une prise de poids, de l'irritabilité et du stress ;
- **À long terme**, une résistance à l'insuline (cellules qui ne répondent plus bien à l'insuline), des maladies telles que le diabète de type 2 ou encore une NASH (maladie du foie gras), mais aussi certains cancers.

En complément de la notion de l'index glycémique, il faut aussi connaître celle de **charge glycémique (CG).**

INDEX GLYCÉMIQUE → Notion de **qualité** des glucides d'un aliment.

CHARGE GLYCÉMIQUE → Tient compte de la **quantité** de glucides contenus dans un aliment.

Lors d'un repas, vous consommez des aliments ayant des IG différents. Si, parmi eux, est présent un aliment ayant un IG modéré ou élevé, **l'impact sur la glycémie ne sera pas le même selon qu'il renferme une petite ou grande quantité de glucides**.

CG plus basse : le riz est en moindre quantité et l'assiette contient aussi des légumes et des protéines (poisson) qui équilibrent l'ensemble et abaissent la CG globale.

CG élevée : l'assiette ne comprend que du riz.

Avec l'IG bas minceur, je vais vous proposer des assiettes à charge glycémique réduite. Vous n'aurez pas besoin de calculer quoi que ce soit, ni d'aller vérifier les index glycémiques des aliments : vous serez guidée !

Le cycle du cortisol

Ma méthode IG bas minceur est basée sur le cycle du **cortisol**, appelé aussi « hormone du stress ». Le cortisol est **hyperglycémiant** : en sa présence, l'organisme libère du glucose (sucre) dans le sang. Ce sucre est alors disponible pour produire l'énergie nécessaire à la gestion d'une situation de stress.

Le cortisol est présent à un niveau élevé le matin pour nous permettre de démarrer la journée avec de l'énergie. Ensuite, son niveau décroît tout au long de la journée. Bien sûr, si vous vivez des situations de stress, le cortisol pourra se maintenir à un niveau élevé plus longtemps. Il sera alors important de **travailler à la réduction de votre stress.**

La méthode IG bas minceur vise à adapter votre alimentation en fonction du cycle du cortisol afin de réguler le taux de sucre dans votre sang. En effet, l'organisme stocke le surplus de sucre sous forme de graisse. L'idée est simple : il vaut mieux consommer les glucides lorsque le niveau de cortisol est bas.

COURBE DU CORTISOL

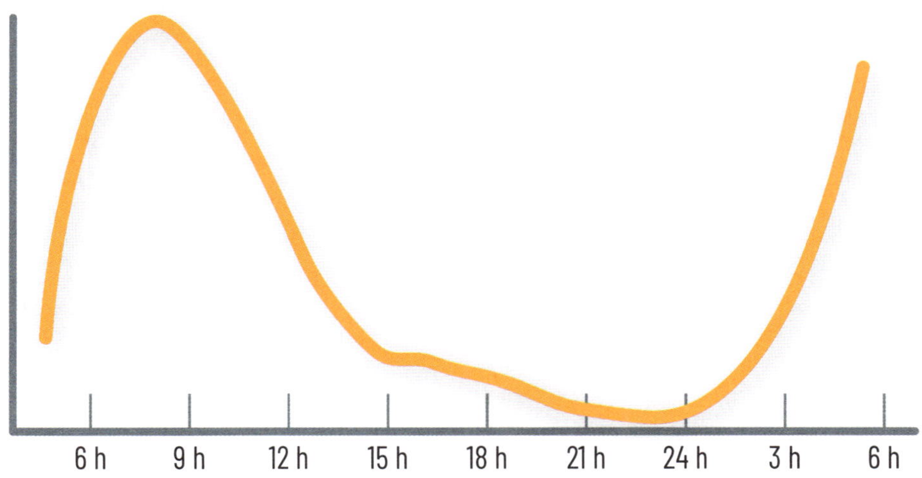

EN RÉSUMÉ :

- Une alimentation moins sucrée vous permettra d'atteindre votre objectif minceur et sera très bénéfique pour votre santé.
- L'IG bas minceur est une alimentation (et non un régime) sans interdits, à conserver sur le long terme.
- Il est important d'adapter son alimentation en fonction du cycle du cortisol, hormone du stress, qui a un impact important sur l'élévation de la glycémie et peut par conséquent provoquer une prise de poids.

COMMENT OPTIMISER SA DIGESTION ?

Lors de mes consultations, j'ai reçu de nombreuses femmes dont la perte de poids était bloquée malgré un passage à l'alimentation IG bas. En améliorant votre digestion (des aliments, mais aussi celle de vos émotions !), vous verrez que la perte de poids sera facilitée. Je vous propose dans un premier temps de définir votre profil digestif, puis je vous donnerai quelques conseils.

Quel est votre profil digestif ?

Dans mon approche, je m'inspire de **l'ayurvéda**, selon laquelle la digestion est au cœur de tout. Notre corps utilise son énergie en premier lieu pour digérer. Une mauvaise digestion favorise la prise de poids, la fatigue et peut même causer une inflammation. Le système digestif est aussi la clé d'une bonne immunité, à hauteur de 80 %. De nos jours, l'approche de la nutrition est très centrée sur les nutriments que nous apportons à notre corps. On entend qu'il faut manger bio, vivant, miser sur tel ou tel nutriment... Bien sûr, c'est important, mais **on aura beau manger les meilleurs aliments du monde d'un point de vue nutritionnel ; si le corps les digère mal, il n'y aura aucun bienfait !**

Une stagnation de la perte de poids est très souvent liée à une mauvaise digestion. Si votre digestion est laborieuse, elle exigera de votre corps de mobiliser beaucoup d'énergie et vous fatiguera énormément. Ce qui explique qu'après un déjeuner trop copieux, vous avez envie de faire une petite sieste : votre corps vous indique de le laisser travailler tranquillement !

Avant toute chose, je vous propose un test afin d'évaluer votre profil digestif en cochant les cases qui vous correspondent.

À VOUS DE JOUER !

	A = souvent	B = parfois	C = jamais
J'ai le ventre gonflé après les repas	X		
J'ai des flatulences	X		
J'ai des maux de ventre, des spasmes		X	
J'ai des renvois ou des hoquets		X	
J'ai des remontées acides	X		
Je suis constipée	X		
J'ai le ventre qui gargouille		X	
J'ai des diarrhées			X

RÉSULTATS

◊ UNE MAJORITÉ DE A : PROFIL « DIGESTION TRÈS ALTÉRÉE »

L'amélioration de votre digestion sera votre priorité ! Sans cela, vous serez bloquée dans votre perte de poids. Vous avez probablement des kilos en trop au niveau du ventre qui est gonflé. Vous êtes sans doute stressée, fatiguée et sujette aux angoisses. Vous souffrez aussi probablement d'inflammation et de douleurs, d'une manière chronique. En suivant mes conseils concernant la digestion des aliments, mais aussi celle de vos émotions, vous parviendrez à vous sentir mieux très vite. Si vous en ressentez le besoin, n'hésitez pas à vous faire accompagner par un professionnel pour mieux gérer vos émotions.

◊ UNE MAJORITÉ DE B : PROFIL « DIGESTION EN TRAIN DE SE DÉTÉRIORER »

Vous avez quelques signes d'une digestion qui est en train de se détériorer, mais ces troubles digestifs ne sont pas constants. Ils se manifestent en période de stress ou de fatigue. D'un point de vue émotionnel, vous avez peut-être une envie de changement et vous n'êtes pas totalement alignée avec ce qu'est votre vie actuellement. En suivant mes conseils pour améliorer votre digestion, vous devriez corriger le tir en peu de temps et parviendrez à mincir plus efficacement.

◊ UNE MAJORITÉ DE C : PROFIL « DIGESTION À SURVEILLER »

A priori, vous ne ressentez pas de désagrément au niveau du système digestif ou très peu. Vous êtes probablement en bonne forme physique et globalement heureuse. Néanmoins, si vous avez un surpoids, il est intéressant de favoriser une bonne digestion pour moins stocker. En suivant mes conseils, vous progresserez beaucoup plus vite dans votre perte de poids.

Bien digérer vos aliments

Si votre digestion est perturbée (ballonnements, gaz...), je vous invite dans un premier temps à suivre les conseils suivants.

10 CONSEILS POUR BIEN DIGÉRER

1 Buvez l'équivalent d'une gourde isotherme d'infusion de gingembre toute la matinée (voir recette page 35). Le gingembre frais est une merveille de la nature qui facilitera grandement votre digestion et absorbera les éventuels gaz.

2 Évitez les aliments crus, moins digestes. L'une des femmes que j'ai accompagnées consommait des produits bio et « bons pour la santé », notamment des graines germées et des crudités. Comme sa digestion était très mauvaise, elle était en permanence ballonnée. Lorsqu'elle a écarté les crudités, elle s'est sentie beaucoup mieux. Bien sûr, les crudités sont bourrées de nutriments, mais elles sont bénéfiques uniquement si vous les digérez bien !

3 Mangez les fruits en dehors des repas (au goûter). Ainsi, ils mettront moins de temps à être digérés que le reste du bol alimentaire et ne fermenteront pas en attendant que le reste le soit...

4 Les produits laitiers de vache et le gluten sont les deux principaux allergènes alimentaires, très inflammatoires. Ils perturbent fortement la digestion. Je vous conseille d'arrêter d'en manger pendant quelques jours et de voir si vous vous sentez mieux. De nombreuses femmes que j'accompagne observent une différence au bout de deux ou trois jours. Elles se sentent « dégonfler » et ont bien plus d'énergie. Parfois, il suffit d'écarter le lactose et le gluten pour régler les problèmes digestifs. Chaque organisme réagissant différemment, il est important, selon moi, de faire vos propres tests.

5 Préparez des assiettes les plus simples possible : moins il y a d'aliments, et mieux votre repas sera digéré par votre organisme.

6 Les monodiètes, par exemple un petit déjeuner comprenant uniquement des œufs, permettent de reposer votre système digestif et donc de moins stocker.

7 L'ambiance de vos repas : faites de ces moments des temps agréables ! Une belle table, un pique-nique au bord de l'eau, un dîner entre amis ou avec des personnes que vous aimez sont autant de paramètres qui favoriseront votre digestion. À l'inverse, un repas pendant lequel vous abordez des sujets qui fâchent ou qui se déroule dans un cadre bruyant aura un impact négatif sur votre digestion.

8 Prenez votre temps pour bien mastiquer : les aliments seront ainsi prédigérés.

9 Faites une cure de probiotiques, de bonnes bactéries qui équilibreront votre microbiote intestinal (voir p. 33).

10 Faites attention à certaines familles d'aliments moins digestes : les choux, qui peuvent provoquer des ballonnements ; les légumineuses (lentilles, haricots, pois...), qui peuvent augmenter la perméabilité intestinale, etc. Tout dépend de votre sensibilité. Je vous conseille ici aussi de faire des essais et d'évaluer comment vous vous sentez après vos repas.

Idée reçue n° 2 : « Le sans gluten est une mode. »

Le mot « gluten » provient du latin et signifie « colle », « substance visqueuse ». Il s'agit des protéines présentes dans certaines céréales, comme le seigle, l'avoine, le blé, l'orge ou l'épeautre. Aujourd'hui, le gluten est aussi ajouté dans des plats préparés, dans la sauce soja et certaines charcuteries. Il a un pouvoir de liant et donne davantage de moelleux au pain.

Cette « colle » peut endommager vos intestins et créer des problèmes digestifs : ballonnements, ventre gonflé ainsi qu'une fatigue intense, des maux de tête, une inflammation ou encore un état dépressif (une étude a prouvé le lien entre sensibilité au gluten et dépression[1]). Dans mon cas s'y ajoutaient des boutons inflammatoires et des douleurs articulaires.

Certaines personnes pensent que le « sans gluten » est un effet de mode, mais il n'en est rien. J'observe en consultation que l'arrêt du gluten a un vrai impact sur la perte de poids, et permet notamment de retrouver un ventre plat. C'est logique : vous digérez mieux, donc votre ventre dégonfle. Depuis que j'ai détecté mon intolérance et arrêté le gluten, je me sens tellement mieux !

1 Toutes les références de notes se trouvent en p. 190.

Zoom sur…
Les produits issus du lait de vache

Les produits issus du lait de vache contiennent des facteurs de croissance qui stimulent la production d'insuline (ceux au lait de chèvre et de brebis en renferment aussi, mais en quantité plus faible). Or un taux d'insuline élevé engendre un **stockage sous forme de graisse**. En effet, le lait de vache est à l'origine destiné à faire grossir un veau qui pèse 40 kilos à la naissance, et entre 150 et 200 kilos au bout de six mois ! Savez-vous que, jusqu'à 4 ans, nous sommes capables de bien digérer le lait de vache grâce à **la lactase** – une enzyme produite par notre organisme ? Au-delà de cet âge, l'organisme n'en fabrique plus. Pour cette raison, la consommation de produits laitiers de vache peut générer des **désagréments digestifs**, mais aussi des problèmes de peau, des troubles ORL ou des douleurs articulaires.

Comment réduire le gluten et le lait de vache ?

Ne pas consommer de gluten ni de lait de vache vous paraît compliqué ? Aujourd'hui, il existe pourtant de nombreux substituts aux produits qui en contiennent.

- Alternatives aux pâtes de blé : pâtes de riz complet ou aux légumineuses (lentilles corail, pois cassés…) ;
- Alternative au pain traditionnel : pain à base de farines sans gluten (voir des recettes p. 75 et p. 76) ;
- Alternatives à la pâte feuilletée : en superposant des galettes de sarrasin (voir recette de la quiche-galettes saumon-épinards p. 99) ;
- Alternatives aux pizzas : ma recette de pizza minceur (voir p. 103) vous séduira !
- Alternatives au lait de vache : boissons végétales à la coco, à l'amande, à la noisette… Privilégiez celles enrichies en calcium. Vous trouverez aussi du calcium dans de nombreux produits végétaux et dans les oléagineux. En ayant une alimentation équilibrée, vous ne risquez donc pas de carences.
- Alternatives à la crème fraîche : crèmes végétales.

LA MÉNOPAUSE ET LA DIGESTION

La ménopause est une période durant laquelle je vous recommande de **faire particulièrement attention à votre digestion**. En effet, celle-ci risque de s'altérer à cause de la chute des œstrogènes. C'est pourquoi cette période est souvent accompagnée d'un gonflement du ventre, de ballonnements ou encore de flatulences. Par ailleurs, l'arrêt des règles signifie que votre corps a une voie d'élimination de ses déchets en moins. En améliorant votre digestion, vous faciliterez votre transit et donc l'élimination des déchets par les selles. Et une meilleure élimination, c'est moins de stockage !

ÉQUILIBREZ

VOTRE MICROBIOTE INTESTINAL

Un microbiote intestinal équilibré vous permettra d'avoir une bien meilleure digestion et donc d'enclencher la perte de poids plus rapidement et plus facilement. Au-delà de la question du poids, il est aussi synonyme de bonne santé : réduction des inflammations, davantage d'énergie… Plus récemment, il a même été prouvé qu'il existe un lien entre l'équilibre du microbiote intestinal et la santé psychique[2].

> **Le microbiote est composé de 100 millions de neurones. C'est pourquoi on dit que l'intestin est notre deuxième cerveau.**

Mauvaises bactéries, favorisées par :

- Les antibiotiques ;
- Le stress ;
- Une alimentation industrielle ou trop riche en sucres et en mauvais gras ;
- Le tabac et l'alcool.

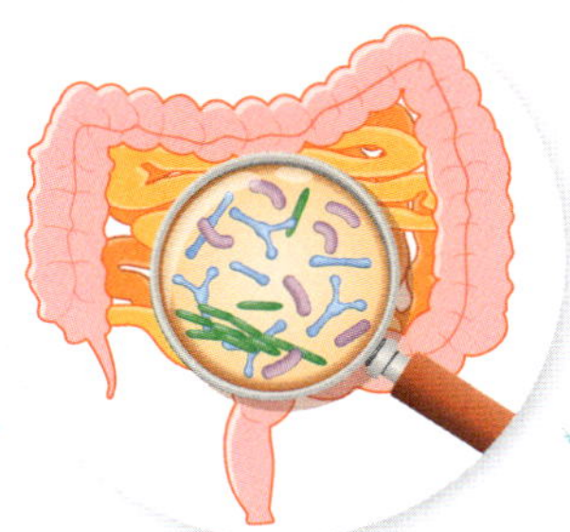

Bonnes bactéries, favorisées par :

- Une alimentation riche en fibres (légumes, légumineuses, céréales IG bas, psyllium…) ;
- La prise de probiotiques ;
- Un apport en sucre limité.

PENSEZ AUX PROBIOTIQUES

Si vous avez un profil « digestion très altérée », je vous conseille de faire une **cure de probiotiques afin d'accélérer le rééquilibrage du microbiote intestinal** (avec une alimentation IG bas, il se fera naturellement, mais les probiotiques vous feront gagner du temps). De même, lorsque vous êtes stressée ou fatiguée, votre microbiote a tendance à se détériorer : les probiotiques sont donc intéressants dans ces moments-là.

SOIGNEZ VOS DENTS

Microbiote intestinal et santé dentaire sont intimement liés. Pour prendre soin de votre microbiote, il est donc important de prêter attention à votre hygiène buccale : brossage des dents deux ou trois fois par jour et détartrage deux fois par an. L'ayurvéda propose de faire des bains de bouche à l'huile de coco : gardez en bouche 1 cuillerée à café d'huile de coco pendant 5 minutes, puis crachez. Votre bouche sera assainie et vos dents seront plus blanches.

Pour ma part, tous les matins au lever, j'effectue également un nettoyage de la langue, préconisé aussi par l'ayurvéda. Je le fais avec une petite cuillère, mais vous pouvez acheter un gratte-langue ou utiliser une brosse à dents équipée de petits picots.

Nettoyage de la langue au gratte-langue.

Zoom sur...
La constipation

Votre transit est un bon reflet de votre digestion. Si vous êtes constipée de manière chronique, il est important d'y remédier pour ne pas ralentir votre perte de poids. L'IG bas minceur vous y aidera.

La constipation est aussi souvent un signe d'émotions non digérées. Les personnes qui ont tendance à ne pas extérioriser leurs émotions sont souvent constipées. Il faudra donc trouver un moyen de vous débarrasser de ces émotions qui vous bloquent (voir aussi p. 37). Pour plusieurs personnes très constipées que j'ai suivies en consultation, le transit s'est débloqué très rapidement une fois qu'elles ont couché sur papier leurs ressentis ou tout simplement après notre consultation, qui est un moment où ceux-ci peuvent être exprimés.

Petites astuces supplémentaires :

- Pour favoriser la bonne évacuation des selles lorsque vous êtes aux toilettes, surélevez vos pieds en les posant sur un petit marchepied.
- Le psyllium aide à réguler le transit, mais aussi à nourrir les bonnes bactéries du microbiote, car il est très riche en fibres. Vous pouvez en ajouter dans vos plats : 1 cuillerée à café dans les œufs brouillés du matin ou dans le yaourt végétal du goûter. Incorporé dans la pâte à pancakes ou les gâteaux, il apportera du moelleux.
- Pensez à bien boire tout au long de la journée et en dehors des repas (de 1,5 à 2 litres par jour).

Évitez d'être totalement repue

Selon l'ayurvéda, il faudrait toujours sortir de table en n'étant pas totalement rassasié. Le fait de laisser « un peu de place » favorise la digestion.

Après le repas, posez-vous la question : « Comment est-ce que je me sens ? » Vous devriez avoir un regain d'énergie et non vous sentir fatiguée.

LES BOISSONS POUR AIDER LA DIGESTION

INFUSION DE GINGEMBRE

Ajoutez 1 cm de gingembre râpé dans une gourde isotherme (75 cl) d'eau chaude. À boire toute la matinée.

EAU ET VINAIGRE DE CIDRE

Mélangez 1 c. à café de vinaigre de cidre bio non pasteurisé dans un verre d'eau. À boire le soir avant de dormir.

INFUSION DE ROOIBOS

Antioxydante et excellente pour la digestion, cette boisson sans théine est parfaite à boire tout au long de la journée. Son goût de vanille vous séduira !

INFUSION DE CAMOMILLE

En plus de ses propriétés digestives, l'infusion de la camomille est aussi excellente pour favoriser le sommeil. Je vous conseille de la boire tout au long de la journée et le soir si vous avez des difficultés à trouver le sommeil.

EAU AROMATISÉE

Faites infuser à froid dans de l'eau des herbes (de la menthe, par exemple) et du concombre, du citron ou encore du gingembre. Une boisson rafraîchissante en été et une bonne alternative aux jus de fruits et aux sodas.

ET L'ALCOOL ?

Bien sûr, dans le cadre d'un projet minceur, il est recommandé de limiter l'alcool. Néanmoins, **si vous appréciez de boire un petit verre de temps en temps, je vous conseille de vous l'accorder pour éviter toute frustration.** Dans ce cas, privilégiez le vin (quel qu'il soit, y compris le champagne) et évitez la bière, le punch ou encore les cocktails, qui sont très riches en sucre. Par ailleurs, je vous conseille de **faire attention à ce que vous mangez quand vous buvez de l'alcool.** Souvent, les apéritifs, très salés, donnent encore plus soif, et par conséquent on a envie de consommer plus d'alcool. Optez plutôt pour des **apéritifs IG bas** (voir exemples p. 58-59).

Autres astuces pour une digestion sereine

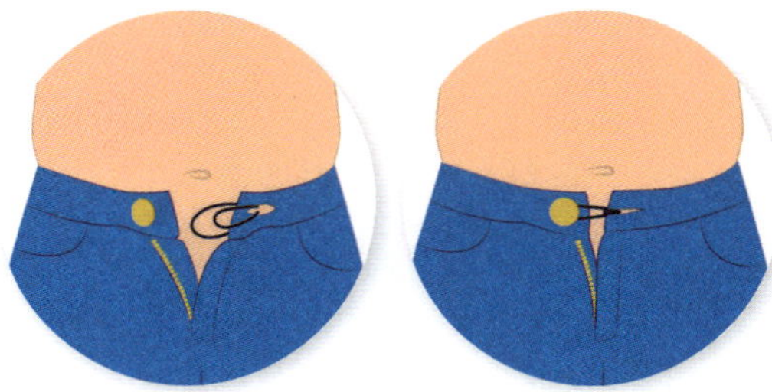

Déboutonnez votre pantalon après les repas ou passez un élastique dans la boutonnière en formant une boucle, puis glissez la boucle autour du bouton pour créer davantage d'espace.

Le soir, avant de dormir, posez sur votre ventre une bouillotte chaude. Celle aux noyaux de cerises se réchauffe en quelques minutes au micro-ondes.

Bien « digérer » vos émotions

La « digestion » de vos émotions est tout aussi importante que celle de vos aliments. **Plus vous serez capable de « digérer » vos émotions, moins vous aurez l'impression de « manger » vos émotions.** En effet, une émotion non digérée engendrera un mal-être que vous aurez envie de combler avec la nourriture, pour vous réconforter.

PRENDRE

CONSCIENCE DE VOS ÉMOTIONS

Le meilleur moyen de digérer vos émotions est d'en prendre conscience. Rien qu'en vous posant la question « Comment je me sens aujourd'hui ? », vous pouvez détecter les émotions qui vous traversent. Voici plusieurs manières d'y parvenir.

1 Connectez-vous à votre corps

Si vous parvenez à vous connecter à votre corps et à détecter ses manifestations – transpiration, palpitations, respiration plus saccadée, gorge qui se serre, ventre qui se noue, maux de tête, mâchoire serrée, mains moites, etc. –, vous saurez qu'une émotion importante vous traverse.

Il vous est sans doute déjà arrivé de sentir comme une boule dans la gorge avant un entretien, d'embauche par exemple, ou d'avoir mal au ventre avant de passer un examen. Votre corps a donc des messages à vous transmettre. L'expression « avoir la peur au ventre » indique bien ce lien entre émotion et réaction du corps.

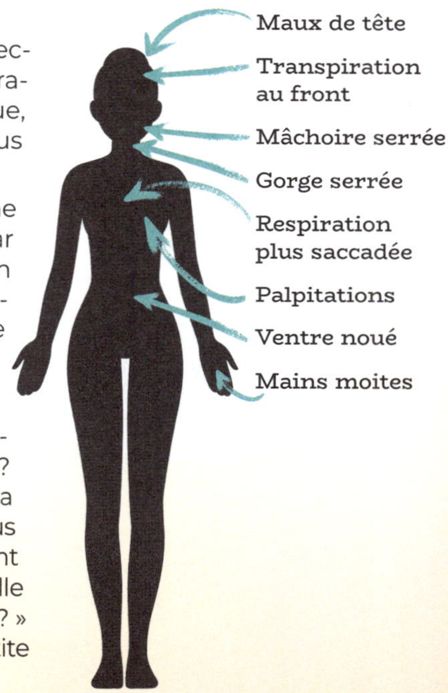

2 Observez vos pensées

Cette technique consiste à repérer la teneur du petit discours qui émerge de vos pensées (est-il positif, négatif ? est-il focalisé sur un sujet en particulier ?) ; elle vous donnera une indication de votre état émotionnel. Vous pouvez vous poser les questions suivantes : « Quelles pensées reviennent le plus fréquemment dans mon esprit ? » ou bien « Quelle situation a enclenché un changement de mon humeur ? » En somme, il s'agit d'écouter ce que vous raconte votre petite voix intérieure tout au long de la journée.

3 Méditez

Dans nos vies où tout va très vite, la méditation permet de marquer une pause et de prendre du recul sur son état émotionnel. Il y a plusieurs manières de méditer au quotidien :

- Quand vous sentez le stress monter, utilisez des applications ou des méditations guidées (disponibles sur Internet).
- La méditation en journée : écoutez une musique douce en voiture, en faisant vos tâches ménagères ou la cuisine, lors d'une marche ou en pratiquant une activité manuelle. Apaisement garanti !
- Avant de dormir, écoutez une musique méditative et laissez venir vos pensées.
- Écoutez de la musique classique, parfaitement adaptée à la méditation.
- Les berceuses pour bébé sont aussi très apaisantes.

Pour trouver des musiques propices à la méditation, tapez « musique méditation » ou « musique zen » sur YouTube.

4 **Écrivez**
Notez sur un carnet ce qui vous passe par la tête, comme si vous parliez à une amie, pour prendre conscience de vos émotions. Vous pouvez aussi utiliser l'application de prise de notes de votre téléphone portable. Une autre possibilité : créer une adresse e-mail virtuelle et vous envoyer des e-mails.

5 **Parlez**
Exprimer vos émotions en mettant des mots dessus vous permettra de les évacuer. Vous pouvez parler à des amis(e)s, un parent, votre conjoint(e) ou encore à des professionnels (psychologue, coach...).

6 **Pratiquez une ou des activités artistiques**
La musique, les loisirs créatifs ou encore le chant permettent aussi d'exprimer ses émotions.

Accueillir et positiver vos émotions

Accueillir vos émotions vous permettra d'économiser beaucoup d'énergie puisque vous n'aurez pas à lutter contre elles – notamment celles qui dérangent. Les nommer vous aidera à mieux les accueillir. Voici les émotions qui peuvent vous traverser et qui pourraient rester bloquées (et donc freiner votre perte de poids) si vous ne les évacuez pas : la colère, la peur, la douleur, le doute, la déception, la culpabilité, la solitude, la jalousie, l'insécurité, la peine, la douleur, se sentir inapte, l'inconfort, la frustration, l'irritation, le découragement, l'exaspération...

Il est important de ne pas porter de jugement sur vous-même et de faire preuve autant que possible d'autobienveillance. Même une personne qui a pleinement adopté la psychologie positive ne peut supprimer les émotions négatives. Et heureusement !

Il y a deux manières de considérer les émotions négatives :

- Soit vous êtes abattue et sombrez dans une petite déprime...
- Soit, au contraire**, vous les acceptez et vous cherchez à comprendre ce qu'elles ont à vous dire**. Ces émotions sont en réalité un cadeau qui vous permettra d'aller vers une meilleure connaissance de vous-même ! Une fois les émotions acceptées, vous avez le pouvoir de les changer en émotions positives **grâce à la transformation de vos pensées** !

« Vous êtes la seule responsable de votre discours intérieur !

Je vous invite à repenser à vos émotions de ces dernières heures ou derniers jours : notez vos émotions et vos pensées en réponse aux situations que vous vivez, puis identifiez une ou plusieurs pensées alternatives. Voici un exemple :

Événement	Émotion(s)	Pensée(s)	Pensée(s) alternative(s)
Vous prenez un dessert au chocolat au restaurant	Culpabilité	« Je suis nulle. » « C'est foutu, je suis incapable de me motiver. » « Demain, ça va être la catastrophe sur la balance. »	« Je me fais plaisir ! » « Je savoure ce moment de convivialité. » « Dès demain, je reviens à ma routine, c'est une exception. »
Vous vous pesez et vous avez pris 1 kilo	Doute Déception	« Ça y est, c'est reparti pour l'effet yo-yo ! » « Je n'y arriverai jamais. » « Je suis nulle. »	« Je vais me ressaisir ! » « 1 kilo, c'est peu. En deux jours, il sera envolé. » « Je me remotive, car je sais que je vais y arriver. »

À VOUS DE JOUER !

Événement	Émotion(s)	Pensée(s)	Pensée(s) alternative(s)

Une technique pour vous motiver

Les **pensées alternatives positives** vous permettront de générer des émotions positives. Vous réussirez ainsi vous-même à vous remotiver ! Les émotions positives amènent à se sentir bien. Elles ont des effets physiques sur le corps, influencent positivement la respiration, le pouls, la pression artérielle et le taux de production d'hormones. À l'inverse, les **émotions négatives ont des méfaits directs** sur le corps : stress, angoisse, démotivation, déprime… Plus vous serez capable de repérer les émotions positives et d'en augmenter le nombre, plus elles contrebalanceront les émotions négatives.

Comment repérer les émotions positives ?

Pour commencer, **notez trois choses positives de votre journée** dans votre carnet du positif (voir p. 143). Vous verrez que, par la suite, vous prendrez l'habitude de repérer toutes les petites choses positives en vue de les consigner le soir. Vous en aurez ainsi très rapidement beaucoup plus que trois !

Comment créer plus d'émotions positives ?

Les jours où vous avez un petit « coup de mou », **créez-vous davantage d'émotions positives** en utilisant les moyens à votre portée. Voici quelques idées :

- Regarder un album photo de personnes que vous aimez ;
- Appeler ou rendre visite à une amie ou quelqu'un de votre famille qui vous fait du bien ;
- Regarder un film que vous appréciez et qui vous fera rire ;
- Écouter des musiques qui vous rappellent des moments agréables ;
- Porter un parfum qui vous rappelle une période de votre vie agréable ;
- Suivre des gens positifs sur les réseaux sociaux et supprimer ceux qui, au contraire, pourraient vous apporter du stress ;
- Faire un compliment à quelqu'un ou vous faire un compliment ;
- Faire un câlin à votre conjoint(e) ou à vos enfants ;
- Danser sur une musique entraînante.

À vous de jouer !

Listez trois choses que vous pourriez faire pour ressentir davantage d'émotions positives.

1.

2.

3.

ÉMOTIONS ET PENSÉES : FAITES LA DIFFÉRENCE

Le mot « émotion » vient du latin *e movere*, qui signifie « mettre en mouvement ». Ainsi, l'émotion est une sorte de mouvement ! Un mouvement qui agite le corps (réactions physiologiques), mais aussi l'esprit, et influence donc vos pensées (mise en mouvement du mental). Une émotion intervient en réaction à un événement. Les pensées correspondent quant à elles à votre discours intérieur, votre « petite voix ».

Envies émotionnelles de manger et compulsions

Les **envies émotionnelles de manger** sont très fréquentes. Chez la majorité des femmes que j'accompagne, elles ont lieu le soir au retour du travail ; un moment où tout le stress de la journée retombe. Vous avez alors envie de sucré ou de pain/beurre/fromage ou encore de gâteaux d'apéritif, les fameux « aliments réconfortants » qui, généralement, ne font pas bon ménage avec un projet minceur.

Les envies émotionnelles peuvent aussi avoir lieu à la suite d'une émotion forte qui vous a décontenancée : vous avez eu un rendez-vous un peu tendu, vous vous êtes disputée avec votre conjoint(e) ou vos enfants, vous avez peur de quelque chose... Sans avoir forcément faim, vous cherchez à manger des aliments réconfortants pour trouver un apaisement.

Chez certaines personnes plus sensibles (souvent hypersensibles) et sujettes au stress, ces envies peuvent se transformer en **compulsions alimentaires** : si c'est votre cas, vous mangez alors des quantités de nourriture très importantes. On distingue deux types de compulsions :

- **Compulsions physiologiques ou fringales :** ce sont celles liées aux envies irrépressibles de manger. Vous avez faim et vous avez besoin de manger. Grâce à l'alimentation IG bas et à la détox de sucre qui en découle, ces fringales diminueront fortement et vous n'aurez plus de sensation de faim.
- **Compulsions émotionnelles :** vous n'avez pas faim, mais vous avez besoin de réconfort que vous cherchez dans la nourriture.

Voici la méthode que je vous propose pour atténuer les envies de manger émotionnelles :

1 Lorsque l'envie arrive, **accueillez-la** : en mettant de la conscience dessus, vous réduirez probablement la quantité de nourriture et peut-être même vous orienterez-vous vers des aliments IG bas, ce qui limitera votre prise de poids. C'est une première étape.

2 **Posez-vous** quelques minutes afin de vous **demander ce qui a pu déclencher cette envie** : une conversation qui a ravivé certaines peurs, une journée stressante, un événement à venir qui vous préoccupe...

3 **Félicitez-vous** chaque fois que la compulsion est moins importante que la précédente ou quand vous avez pu la contrôler ou l'empêcher.

De cette façon, **vous transformerez ce cercle infernal en un cercle vertueux** : vous irez ainsi vers plus de bien-être et surtout réduirez, puis éliminerez les compulsions.

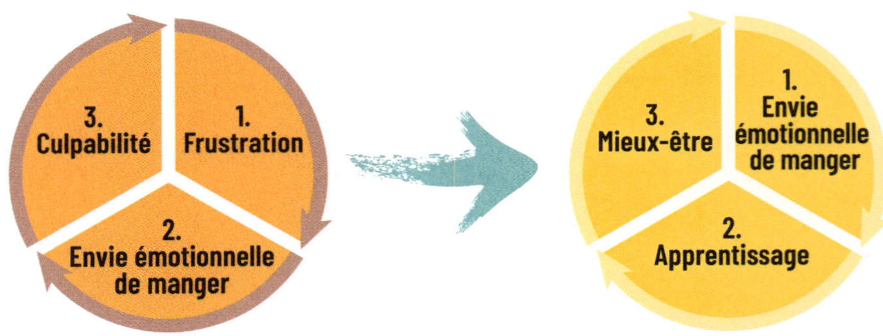

L'utilisation du **carnet du positif** (voir p. 143) vous aidera beaucoup à réguler ces compulsions. Vous vous focaliserez sur le positif et moins sur la compulsion en elle-même afin de contrer toute culpabilité.

EN RÉSUMÉ :

- **Une digestion améliorée vous aidera à perdre du poids plus facilement ou à réenclencher votre amincissement s'il stagne.**
- **Une bonne digestion vous permettra de rééquilibrer votre microbiote intestinal.**
- **La digestion des émotions ne doit pas être négligée : la prise de poids est souvent émotionnelle.**

LES REPAS TYPES

Je vous propose de passer en revue tous les repas de la journée. L'idée est de vous aider à vous lancer **sans trop vous poser de questions sur l'index glycémique de chaque aliment**, et à concevoir vos repas facilement et rapidement.

Le petit déjeuner

Je vous conseille de prendre un **petit déjeuner salé et protéiné** pour plusieurs raisons :

- Le matin, le taux de cortisol est à son maximum (voir p. 27) ;
- Ce type de petit déjeuner réduit nettement les envies de sucré tout au long de la journée ;
- Il est plus rassasiant : fini le petit creux de 11 heures, et vous tiendrez jusqu'à 13 heures sans problème !

Quels aliments choisir ?

- **Pain** : privilégiez les pains fabriqués avec des farines IG bas et sans gluten, pour favoriser une bonne digestion. Attention aux pains du commerce : demandez la composition à votre boulanger, car il y a parfois un mélange de farines. Une femme diabétique que j'ai reçue en consultation me disait avoir testé sa glycémie et obtenu des résultats élevés après avoir mangé des pains du commerce soi-disant faits avec des farines complètes… Pour cette raison, je vous conseille de faire vous-même votre pain : c'est rapide, moins onéreux et vous savez ce qu'il y a dedans (voir recettes p. 75 et p. 76) !
- **Galettes ou pancakes de sarrasin** avec œufs, jambon de dinde, saumon fumé, avocat, fromage de chèvre. Une femme que j'ai accompagnée mangeait de la quiche-galettes (voir recette p. 99) au petit déjeuner : c'est aussi une bonne idée !

Si vraiment vous avez du mal à passer au salé le matin, une première étape consisterait à manger des galettes de sarrasin avec de la purée d'oléagineux (bon gras), ou des oléagineux tout simplement. Vous pouvez également préparer des œufs brouillés ou une omelette en version sucrée, en ajoutant par exemple de la cannelle, quelques pépites de chocolat à plus de 70 % de cacao ou de la noix de coco râpée.

Pour ma part, je mange des œufs brouillés, parfois accompagnés de pain au sarrasin ou d'une galette. Moins il y a de glucides, plus c'est efficace !

Je propose souvent aux femmes que j'accompagne de faire ce test : manger sucré le matin et voir si l'envie de sucré augmente tout au long de la journée. Si vous prenez un petit déjeuner salé, ces envies de sucre (ou de glucides) seront beaucoup plus limitées.

De nombreuses femmes reviennent me voir parce qu'elles ont repris quelques kilos. Je m'aperçois que, souvent, cette prise de poids fait suite à une modification de petit déjeuner. C'était le cas notamment de l'une d'entre elles, qui avait remplacé son petit déjeuner salé par des flocons d'avoine et un yaourt. Même si ces aliments ne sont pas extrêmement sucrés (surtout en comparaison des céréales industrielles), la charge glycémique de cette association est élevée et suffit à réenclencher une reprise de poids. Par ailleurs, l'avoine contient du gluten, ce qui la rend moins digeste.

Idées pour composer votre assiette du petit déjeuner :

Pour votre petit déjeuner minceur, je vous propose les recettes suivantes (vous les trouverez dans le carnet de recettes, p. 72 à 76 et p. 99) : galettes de sarrasin aux œufs brouillés coulants ; pain au sarrasin, pain aux amandes, quiche-galettes saumon-épinards.

Selon vos envies, vous pouvez aussi assembler des assiettes gourmandes avec : des œufs au plat, à la coque ou durs, du saumon fumé, du jambon, un avocat, une purée d'oléagineux, du chèvre frais, des herbes fraîches, des graines germées...

L'ŒUF, UN SUPERALIMENT

Pendant des années, on entendait dire qu'il fallait limiter sa consommation d'œufs, car ils favorisaient soi-disant les maladies cardio-vasculaires. En réalité, il n'en est rien ! De nombreuses études l'ont prouvé. Le jaune d'œuf contient beaucoup de cholestérol, mais celui-ci n'est pas totalement absorbé par l'intestin.

La quasi-totalité du cholestérol sanguin est produite par le foie. Le mauvais cholestérol (LDL) s'accumule si votre alimentation est trop riche en sucre et en acides gras saturés. Par ailleurs, la consommation d'œufs fait grimper le taux de « bon » cholestérol (HDL).

Les œufs sont un véritable trésor de la nature :

- Ils sont très **rassasiants** ;
- Ils contiennent presque toutes les vitamines et oligoéléments essentiels ;
- Ils sont riches en protéines de qualité ;
- Ils sont peu onéreux.

Personnellement, j'en mange au moins trois par jour et je n'ai jamais été en si bonne santé !

Idée reçue n° 3 : « Il faut restreindre les quantités et compter les calories pour mincir. »

Vous priver et limiter les quantités ne sera pas efficace. Vous aurez faim très rapidement après les repas et risquerez de grignoter des aliments sucrés. Je vous conseille donc de faire des repas aussi copieux que nécessaire. Le défi est d'arriver à **repérer le moment où vous arrivez à satiété**. Certaines femmes que j'accompagne utilisent une petite assiette. L'astuce est bonne à condition de se resservir si vous avez encore faim une fois la première portion terminée.

Si vous avez suivi plusieurs régimes, vous avez sûrement le réflexe de compter les calories. Selon moi, cette pratique risque d'accentuer le phénomène « frustration-culpabilité » dès que vous n'appliquez plus la « règle ». Vous intellectualisez votre alimentation et en oubliez votre ressenti. La connexion à votre corps et à votre faim est ce qu'il y a de plus important !

Quelles boissons ?

L'infusion de gingembre (voir recette p. 35) est une boisson magique : riche en vitamine C, excellente pour la digestion, elle favorise une mini-détox tous les jours. Je préconise de la préparer dans une **gourde isotherme de 1 litre pour la boire tout au long de la matinée**. N'hésitez pas à la préparer la veille au soir si vous préférez la boire à température ambiante.

Bien sûr, vous pouvez aussi prendre du thé ou du café, mais vous verrez qu'avec une alimentation IG bas, vous n'aurez plus besoin d'excitant (caféine ou théine) pour avoir de l'énergie. Si vous conservez votre thé ou votre café, car c'est un plaisir pour vous, je vous conseille de le boire sans sucre. Si vous avez le choix entre café et thé, **préférez le thé**, car le café augmente le taux de cortisol (voir p. 27) et donc potentiellement votre glycémie.

Évitez de boire des jus de fruits. En effet, un jus de fruits contient l'équivalent de plusieurs fruits (trois ou quatre oranges, par exemple). Même si les fruits sont bons pour la santé, ils sont très riches en sucre (fructose), qui élève beaucoup la glycémie. D'une manière générale, il vaut mieux manger des fruits entiers que d'en boire le jus, qui contient tout le sucre sans les fibres (celles-ci ralentissent l'absorption du sucre !). Préférez également les consommer au goûter (voir p. 53).

Un verre de jus de fruits contient l'équivalent de quatre morceaux de sucre, presque la totalité du sucre recommandé par l'OMS par jour (25 g, soit cinq morceaux).

Boire sucré est sûrement une habitude que vous avez prise depuis longtemps et vous n'y faites même plus attention. Voici mes astuces pour modifier cette habitude. À vous de choisir celle qui vous conviendra :

- **Changez de boisson** – si vous preniez du café avec du sucre, buvez du thé non sucré à la place.
- **Diminuez progressivement la dose de sucre** en vous félicitant à chaque palier franchi.
- **Supprimez le sucre du jour au lendemain** – c'est difficile pendant quelques jours, mais ensuite vous ne voudrez plus revenir en arrière !

Zoom sur...
Le jeûne intermittent

Vous n'avez pas faim le matin ? Dans ce cas, ne vous forcez pas ! Le jeûne intermittent, qui consiste à rester 16 heures sans manger entre le dîner du soir et le déjeuner du lendemain, est **très efficace**.

Attention ! **Il ne convient pas à tous les organismes** étant donné qu'il augmente le taux de cortisol et donc le stress. Si naturellement vous n'avez pas faim le matin, c'est sûrement que le jeûne vous convient. Chaque organisme étant différent, il est bien d'essayer quelques fois avant d'en faire une habitude. Je vous conseille de faire ce test le week-end pendant une journée où vous savez que vous n'aurez pas de stress additionnel.

Certaines personnes pratiquant le jeûne intermittent le matin ont tendance à manger beaucoup plus le soir sachant qu'elles ne prendront pas de petit déjeuner. De ce fait, leur sommeil est altéré. Avec la réintroduction d'un petit déjeuner, les choses s'équilibrent et la perte de poids se fait plus facilement.

Pour accélérer votre perte de poids, vous pouvez prévoir une journée de jeûne intermittent par semaine, le week-end ou en vacances, lorsque vous êtes peu stressée.

Vous pouvez également adopter **une monodiète, une alternative au jeûne intermittent**. Au petit déjeuner, c'est assez facile : uniquement des œufs ou du jambon, par exemple, et vous êtes calée pour toute la matinée !

À VOUS DE JOUER !

VOS IDÉES DE PETIT DÉJEUNER

Listez ici le ou les petits déjeuners que vous aimeriez essayer ou mettre en place. Vous pouvez vous inspirer des préparations du carnet de recettes (voir p. 72 à 76) ou de celles disponibles sur www.isabelleminceur.com

1.

2.

3.

EN RÉSUMÉ :

- Un petit déjeuner salé et protéiné réduit naturellement vos envies de sucre et vous rassasie pour la matinée.
- L'infusion de gingembre vous permettra de faire une petite détox douce et de prendre soin de votre système digestif.
- Si vous n'avez pas faim, le jeûne intermittent est une option, mais seulement si vous n'êtes pas stressée.

Le déjeuner

Au déjeuner, je vous conseille de prendre un **repas le plus simple possible**, composé de peu d'ingrédients pour faciliter la digestion et limiter le stockage du gras :

◊ Des **protéines** (plutôt d'origine animale : viande ou poisson) pour être bien rassasiée ; c'est d'autant plus important lorsque vous avancez en âge, notamment à partir de 40 ans, car la masse musculaire se réduit petit à petit.

◊ Des **légumes en quantité** avec un mélange de légumes **rassasiants** et de légumes **drainants** (riches en fibres et diurétiques pour favoriser la perte de poids). (Voir tableau page suivante.)

◊ Du **bon gras** : oléagineux, huile d'olive, avocat... Vous pouvez ajouter un peu de fromage, **de chèvre ou de brebis** de préférence.

◊ Des **petites sauces aux herbes et aux épices** en complément pour apporter du goût.

COMMENT COMPOSER VOTRE ASSIETTE DU DÉJEUNER ?

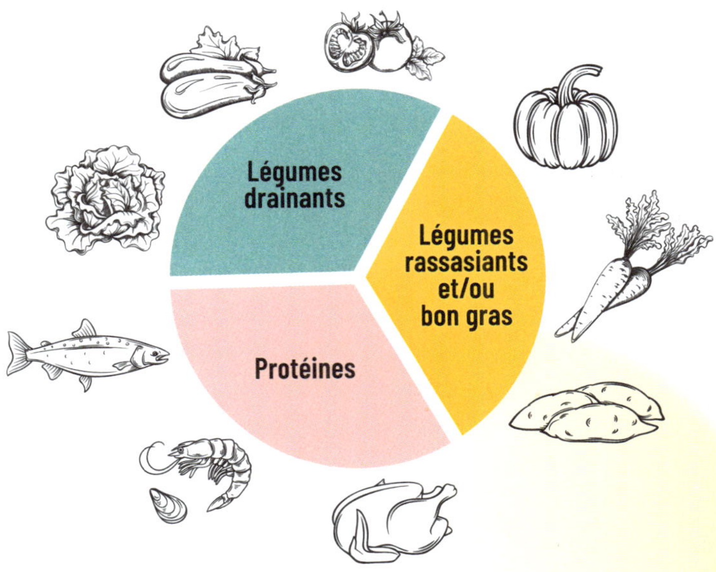

Faire l'impasse sur les féculents au déjeuner vous évitera d'avoir un « coup de barre » deux heures après, puisque votre digestion sera nettement améliorée. En effet, l'association des protéines et des féculents est beaucoup plus difficile à digérer.

Variez également le contenu de vos assiettes au gré des saisons. Ainsi, en automne et en hiver, il est recommandé de manger chaud, parce qu'il fait plus froid et le corps dépense déjà beaucoup d'énergie pour maintenir sa température interne. Manger chaud permet de se réchauffer, mais aussi facilite la digestion. En été, privilégiez les salades, qui apportent de la fraîcheur à condition, bien sûr, que vous digériez bien le cru (sinon, préférez les plats cuits).

QUELS LÉGUMES DANS VOTRE ASSIETTE ?

Légumes rassasiants	Légumes drainants
Betterave, carotte, châtaigne, courge (butternut ou autre), panais, patate douce, potimarron	Artichaut, asperge, aubergine, blette, céleri-branche ou rave, champignon, choux (de Bruxelles, vert, rouge, chinois, chou-fleur, pak choï, brocoli), choucroute, concombre, courgette, épinard, fenouil, haricot vert, poireau, pois gourmand, poivron, salade, tomate

Remarque : les oignons, les échalotes et les herbes (ciboulette, coriandre, persil, aneth…) ont également des vertus drainantes.

POMME DE TERRE OU PATATE DOUCE ?

Je vous conseille d'éviter la pomme de terre pour deux raisons : elle a un index glycémique élevé et contient beaucoup d'amidon, ce qui la rend peu digeste. Remplacez-la par la patate douce, qui affiche un IG plus faible, et qui est plus riche en fibres et plus digeste. Les femmes que j'accompagne réussissent facilement à opérer ce changement d'habitude qui n'est pas trop contraignant.

Comment aimer les légumes ?

Manger beaucoup de légumes est essentiel pour votre projet minceur, car ils vont vous apporter un **maximum de fibres**. Vous avez du mal avec les légumes ? Peut-être que votre éducation en contenait peu et qu'en consommer n'est pas naturel pour vous..

L'une des femmes que j'ai accompagnées mangeait très peu de légumes parce qu'elle n'y avait pas été habituée. Dans un premier temps, elle a dû apprendre à les connaître et à les apprécier. En effet, aimer les légumes s'apprend. On estime qu'il faut faire goûter à un enfant une quinzaine de fois un légume avant qu'il commence à l'apprécier, et il en est de même pour les adultes. Voici quelques conseils pour en manger davantage :

- Commencez par les légumes que vous aimez déjà ;
- Essayez ensuite ceux que vous ne connaissez pas ;
- Mangez-les sous des formes différentes :

◊ **Frites :** sur la photo ci-contre, il s'agit de frites de carottes, mais vous pouvez aussi en préparer avec du céleri-rave, des courgettes, des aubergines, des patates douces.

◊ **Purée :** de céleri-rave, de brocoli, mais vous pouvez aussi faire des mélanges (céleri-rave et patate douce, haricots verts et patate douce, brocoli et carottes, patate douce et champignons...). N'hésitez pas à ajouter à vos purées un peu de crème végétale (je mets de la crème de coco, qui est un délice) et des épices (curry, curcuma, cumin...).

◊ **Poêlée :** mélanges de légumes avec des oignons ou des échalotes pour relever le goût (courgettes et oignons, champignons et oignons, fondue de poireaux, carottes et oignons, ratatouille composée de poivrons, d'aubergines, de courgettes, de tomates et d'oignons...). Dans vos poêlées, vous pouvez couper les légumes de diverses manières : en rondelles très fines ou en julienne (à la mandoline), en petits dés. Couper plus finement les légumes en change le goût, et vous verrez : c'est délicieux !

Quelles protéines ?

Voici quelques idées de protéines pour vos repas. Comme indiqué plus haut, je conseille pour le déjeuner plutôt des protéines d'origine animale.

Viande rouge	Viande blanche	Poisson	Fruits de mer	Légumineuses	Œufs
Canard	Poulet	Saumon	Crevettes	Lentilles vertes	Œufs de poule
Agneau	Dinde	Maquereau	Langoustines	Lentilles corail	Œufs de caille
Bresaola	Porc	Lotte	Saint-jacques	Pois chiches	
Viande des Grisons	Veau	Cabillaud	Crabe	Haricots rouges	
Boudin noir		Colin	Bulots	Flageolets	
Bœuf		Truite	Coques	Haricots blancs	
Foie gras		Thon	Palourdes		
Foie de veau		Lieu	Moules		
Foie de volaille		Hareng			
		Sardines			

Idées de bon gras

Il est important de consommer régulièrement des aliments contenant des bons gras. Les acides gras oméga-3 (voir p. 51) sont bénéfiques à votre projet minceur. Par ailleurs, c'est au déjeuner qu'il est préférable de manger du fromage (de brebis ou de chèvre). Je vous conseille d'inclure le fromage dans les recettes, ainsi le pain ne vous manquera pas.

Voici les bons gras que je vous recommande :

- Huile d'olive ou de colza
- Avocat
- Tapenade
- Crème (ou lait) de coco
- Fromage de chèvre ou de brebis
- Oléagineux (amandes, noix, noisettes, noix de cajou, noix du Brésil, noix de macadamia...)

Zoom sur…
Les oméga-3

Les acides gras oméga-3 sont les alliés de votre projet minceur, car ils empêchent la multiplication des cellules graisseuses. Notre corps n'en produisant pas, il est très important de lui en apporter grâce à la nourriture. Ils ont également beaucoup d'autres bienfaits pour la santé : réduction de l'inflammation et amélioration des fonctions cognitives notamment. Les oméga-3 se trouvent dans les **poissons gras** (thon, sardine, maquereau, saumon…), dans les **oléagineux** (amande, noix, noix du Brésil, noix de macadamia…) et dans les **huiles** (lin, colza, cameline…).

Idée reçue n° 4 : « C'est le gras qui fait grossir. »

Certaines femmes que je reçois n'osent pas manger de bons gras, persuadées qu'ils font grossir. Bien évidemment, il ne s'agit pas d'en abuser, mais un demi-avocat dans votre salade ou une poignée d'oléagineux en collation seront très rassasiants et vous éviteront toute fringale ou grignotage. De même, le confit de canard, le foie gras ou encore le boudin noir ne sont pas à bannir de votre alimentation.

Si vous aimez ces produits, vous pouvez sans problème en manger au déjeuner avec des légumes. En effet, c'est surtout une alimentation riche en glucides qui fait grossir ou lorsque vous combinez gras et glucides. Pour cette raison, je vous conseille de consommer les bons gras à midi et les féculents le soir.

Petites sauces

Ces sauces, très faciles à réaliser, napperont vos légumes et accompagneront la viande ou le poisson.

◊ **Pesto revisité sans lactose :** 6 c. à soupe d'huile d'olive + le jus de ½ citron + 10 noix de macadamia + 10 feuilles de basilic, à mixer dans un blender.

◊ **Sauce aérienne pour légumes :** 3 blancs d'œufs + 2 c. à soupe de mayonnaise. Montez les blancs d'œufs en neige et incorporez-y délicatement la mayonnaise.

◊ **Sauce tomate crémeuse :** 2 c. à soupe de concentré de tomates + 3 c. à soupe de crème de coco. Mélangez les ingrédients et utilisez pour accompagner des légumes verts ou en remplacement d'une sauce tomate du commerce.

◊ **Sauce coco-citron vert :** 3 c. à soupe de crème de coco + le jus de ½ citron vert. Mélangez les ingrédients et utilisez pour accompagner des légumes ou du poisson.

◊ **Sauce salade :** 2 c. à soupe d'huile d'olive + 1 c. à soupe de jus de citron + ½ échalote émincée + sel et poivre.

Des épices qui favorisent la digestion

Les épices permettent de donner du goût et d'éviter de trop saler les plats. Vous pouvez les utiliser dans vos légumes, pour faire mariner la viande ou encore pour agrémenter les sauces.

- **Curcuma**. Cette épice a des vertus incroyables. Anti-inflammatoire, elle facilite la digestion et le déstockage des graisses, protège le foie et freine les pics de glycémie.
- **Curry**. Ce mélange d'épices (gingembre, curcuma, cardamome, moutarde...) est parfait pour favoriser le confort digestif. Pour atténuer son goût assez fort, je mélange souvent le curry à d'autres épices. Plus ou moins piquant, il vous permettra de relever vos plats.
- **Cumin**. Il favorise la digestion et aide à réguler la glycémie. Cette épice se marie très bien avec la carotte.

BIEN COMPOSER VOS SALADES

Les personnes qui entament un projet minceur ont tendance à préparer davantage de salades. Souvent, ces salades sont composées en majorité de crudités, ce qui n'est pas une bonne chose. Vous risquez en effet de **perdre de la masse musculaire et non du gras**, mais aussi de faire de la rétention d'eau si vous consommez trop de crudités. Pour éviter ces inconvénients, il est important d'**ajouter à vos salades une bonne quantité de protéines et de bon gras.** Si vous avez des difficultés à digérer, évitez dans un premier temps les salades vertes et les crudités, qui sont moins digestes, et privilégiez les aliments cuits.

À VOUS DE JOUER !

VOS IDÉES DE DÉJEUNER

Listez ici les recettes que vous souhaiteriez essayer pour le déjeuner. Vous pouvez vous inspirer des préparations du carnet de recettes (voir p. 79 à 91) ou de celles disponibles sur www.isabelleminceur.com

1.

2.

3.

EN RÉSUMÉ :

- Faire un déjeuner le plus simple possible améliorera votre digestion et facilitera votre perte de poids.
- Privilégier les protéines, les légumes et les bons gras pour bien digérer et éviter le « coup de barre » deux heures après le repas.
- Ajouter des épices, des herbes ou une sauce vous aidera à confectionner des assiettes gourmandes.

Le goûter

Je vous propose de décaler le dessert au goûter. Pourquoi ? Pour deux raisons :

- Vous digérerez mieux votre déjeuner et aurez ainsi plus d'énergie ;
- Vous vous accorderez une pause plaisir au goûter, un moment pour vous dans des journées souvent bien chargées !

Au quotidien, je vous propose, au choix :

- **Fruit + chocolat noir à 70 % de cacao minimum** concassé, en pépites ou fondu, accompagnés d'une poignée d'oléagineux (noix de macadamia, du Brésil, de cajou, amandes, etc., non grillées et non salées de préférence). Ajouter du bon gras au sucré permet de faire baisser la glycémie.

- **Yaourt végétal, ou yaourt de brebis ou de chèvre** avec fruits et/ou pépites de chocolat noir à 70 % de cacao minimum.

De temps en temps, par exemple deux fois par semaine, préparez un gâteau ou une autre recette de dessert à IG bas (voir recettes p. 107 à 112) ou encore une coupe glacée composée d'un sorbet 100 % fruits glacés mixés au blender (banane et mangue, fruits rouges...), de chocolat à 70 % de cacao minimum fondu et de myrtilles.

Idée reçue n° 5 : « Prendre un goûter fait grossir. »

À partir de 16 heures, manger sucré a moins d'impact sur la prise de poids, le niveau de **cortisol** (voir p. 27) étant plus bas. Par ailleurs, une pause goûter permet de retrouver un peu d'énergie et d'être rassasiée jusqu'au dîner. En prenant un goûter, vous réduirez fortement les envies de manger émotionnelles ou les compulsions alimentaires de fin de journée.

Zoom sur... Le chocolat

De nombreuses femmes que je reçois en consultation aiment le chocolat, ce qui est bien normal, car c'est délicieux. Elles se retrouvent souvent face à deux difficultés : elles ont du mal à passer au chocolat noir et ne parviennent pas à limiter la quantité (certaines mangent parfois toute la tablette).

Si vous êtes dans ce cas, je vous conseille de commencer par **vous habituer au chocolat noir** (s'il vous arrive d'en manger une tablette entière, ce sera toujours mieux qu'avec du chocolat au lait !). Et faites-le progressivement. **Testez plusieurs marques**, car les goûts sont très différents. Je ne mange désormais que du chocolat à 90 % de cacao et je ne pourrais plus m'en passer !

Une fois que vous aurez adopté le chocolat noir, vous pouvez **confectionner des sachets** et y placer le nombre de carrés que vous souhaitez manger par jour. Cette astuce vous aidera à limiter les quantités. Faites de même avec les goûters maison que vous préparerez. Si vous avez peur d'en manger plus que de raison, vous pouvez en congeler en portions individuelles.

Sachez enfin que des envies de chocolat importantes peuvent être le **signe d'un manque de magnésium**. Je vous conseille dans ce cas de faire une cure.

Les fruits : quantités et bons choix

Les fruits regorgent de vitamines et de minéraux, mais il faut éviter d'en manger de trop grandes quantités. Bien sûr, c'est toujours mieux que des gâteaux industriels, mais les résultats sur votre silhouette peuvent se révéler identiques. Limitez votre consommation à deux fruits par jour, à prendre au goûter avec quelques oléagineux ou un yaourt afin de baisser la charge glycémique globale.

Certains fruits sont plus sucrés que d'autres : les fruits séchés, la banane mûre, les cerises, le raisin, par exemple, mais s'il vous fait plaisir d'en manger de temps en temps, ne vous privez pas. Vous l'avez compris : tout est une question d'équilibre et de quantité.

Certains fruits sont également moins digestes : ceux à fibres dures (la pomme, par exemple) peuvent générer des ballonnements si votre système digestif est sensible. Faites des tests et choisissez les fruits que vous aimez... et qui vous aiment bien !

À vous de jouer !

VOS IDÉES DE GOÛTERS

Listez ici vos idées de goûters. Vous pouvez vous inspirer des préparations du carnet de recettes (voir p. 107 à 112) ou de celles disponibles sur www.isabelleminceur.com

1.

2.

3.

EN RÉSUMÉ :

- Décaler le dessert au goûter vous permettra de prendre une vraie pause plaisir dans la journée.
- Vous aurez ainsi moins faim à l'heure du dîner.
- La fin de journée est le moment privilégié pour manger des aliments plus sucrés.

Le dîner

Je vous propose une assiette composée des aliments suivants :

→ **Féculents (ou assimilés) IG bas (voir p. 56) : un quart de l'assiette**. Ils favorisent le sommeil, car ils contiennent du tryptophane, un précurseur de la mélatonine (hormone facilitant l'endormissement). L'association protéines-féculents est plus judicieuse le soir : vous aurez toute la nuit pour les digérer, contrairement à l'après-midi où vous devez être en action. Il est important de choisir des féculents sans gluten, qui seront plus digestes.

→ **Des légumes drainants (voir p. 48) : la moitié de l'assiette**. Ils contribueront à faire baisser la charge glycémique de votre repas grâce aux fibres qu'ils contiennent.

→ **Des protéines peu grasses : un quart de l'assiette**. Viande blanche, protéines végétales (donc légumineuses : lentilles, pois chiches, haricots rouges ou blancs…), œufs ou encore poissons pour favoriser un bon sommeil – ce sont des aliments également riches en tryptophane. On évitera les charcuteries et viandes grasses, car elles sont plus difficiles à digérer, ce qui risque d'altérer la qualité de votre sommeil.

Efforcez-vous de **cuisiner des petites recettes**. Si vous vous contentez de répartir les aliments cuits à la vapeur dans une assiette sans sauce, vos repas risquent d'être vite rébarbatifs.

Idée reçue n° 6 : « Il est impératif de manger très léger le soir et uniquement des légumes. »

De nombreuses femmes que j'accompagne mangent bien souvent beaucoup trop peu le soir : une salade de crudités, un potage ou une assiette de légumes. Ce genre de plat n'est pas assez rassasiant et surtout vous fera passer de mauvaises nuits. Comme expliqué ci-dessus, il est important de manger des aliments riches en tryptophane pour favoriser un bon sommeil. Votre dîner doit aussi vous rassasier afin que vous évitiez de craquer pour la tablette de chocolat devant le film à 22 heures ou d'être tentée de vous lever la nuit parce que vous aurez trop faim.

COMMENT COMPOSER VOTRE ASSIETTE DU DÎNER ?

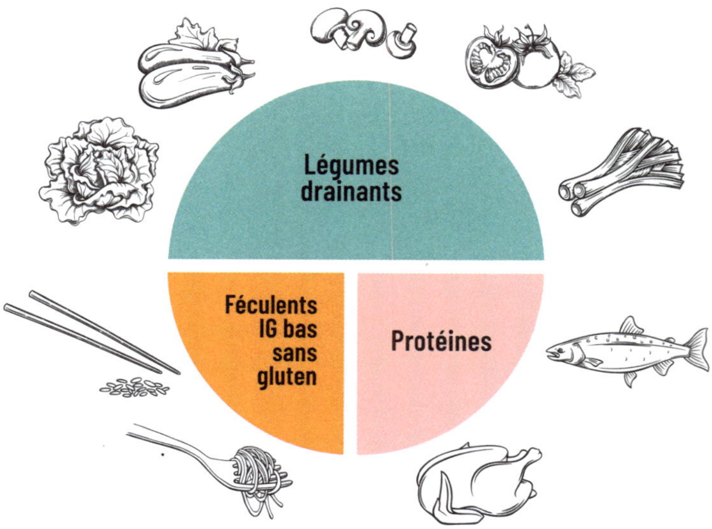

Quels féculents (ou assimilés) pour votre dîner ?

Privilégiez des féculents à IG bas et sans gluten.

Riz complet
Riz noir
Riz basmati
Pâtes de riz complet (celles de la marque Valpibio® sont excellentes)
Sarrasin (kasha, galettes, nouilles soba...)
Quinoa blanc ou rouge

Attention, certains féculents complets peuvent être un peu agressifs pour les intestins sensibles et provoquer diarrhées ou maux de ventre. Dans ce cas, optez pour du riz basmati (en remplacement du riz complet) et du quinoa blanc (plutôt que du quinoa rouge).

LES BIENFAITS DU SARRASIN

Le sarrasin, aussi appelé « blé noir », est un aliment que je conseille très souvent, notamment sous forme de **galettes,** très appréciées. Vous pouvez aussi consommer du **sarrasin décortiqué ou grillé (kasha)** comme féculent ou utiliser sa farine pour faire du pain.

Au Japon, les **nouilles soba** sont à base de sarrasin (choisissez bien celles composées de 100 % de sarrasin, comme celles de la marque Lima®). En faisant infuser des graines de kasha dans de l'eau frémissante, on obtient du **sobacha** – une boisson détoxifiante et antioxydante.

Du point de vue diététique, le sarrasin est très intéressant pour plusieurs raisons. Sans gluten donc très digeste, il est rassasiant, très riche en fibres et en magnésium, et affiche un IG bas.

COMMENT FAIRE BAISSER L'INDEX GLYCÉMIQUE DES FÉCULENTS ?

- Cuire *al dente* : 10 minutes
- Ajouter des bons gras (huile d'olive, par exemple)
- Agrémenter d'épices (curcuma, curry, cannelle...)
- Ajouter du jus de citron
- Parsemer d'herbes fraîches ou surgelées
- Accompagner de légumes drainants
- Servir avec des protéines

Idée reçue n° 7 : « Pour mincir, les féculents doivent être supprimés. »

Certains régimes bannissent totalement les féculents. Il est évident que si on supprime les féculents (et toute autre source de glucides, y compris les sucreries), on perd rapidement du poids. Mais je ne pense pas que cette solution soit tenable à long terme car, d'une part, ces aliments sont généralement très appréciés et, d'autre part, consommer des féculents permet d'éviter de craquer sur des aliments plus sucrés. Il s'agit juste de réduire leur quantité et de les manger au bon moment. Dans ma méthode, nous gardons des féculents IG bas et sans gluten le soir.

À VOUS DE JOUER !

VOS IDÉES DE DÎNERS

Listez ici les recettes que vous souhaiteriez essayer pour le dîner. Vous pouvez vous inspirer des préparations du carnet de recettes (voir p. 92 à 104) ou de celles disponibles sur www.isabelleminceur.com

1.

2.

3.

EN RÉSUMÉ :

- **Le dîner est le meilleur repas pour manger des féculents à IG bas, qui vous permettront également de bien dormir.**
- **Il existe des astuces pour faire baisser l'IG des féculents.**
- **Ne pas oublier d'ajouter un peu de protéines et de légumes drainants.**

À PROPOS DE L'APÉRITIF DÎNATOIRE

L'apéritif dînatoire est une option sympathique lorsqu'on reçoit des invités ou même tout simplement pour éviter de passer trop de temps en cuisine. Voici quelques idées pour constituer votre apéritif dînatoire à IG bas.

TARTINES DE PANISSE

La panisse, une spécialité provençale à base de farine de pois chiche, est disponible en magasin bio. Elle permet de remplacer les blinis. Elle peut aussi être préparée à la maison.

BÂTONNETS DE CRUDITÉS

À tremper dans de la tapenade.

VERRINES D'AVOCAT

À agrémenter d'œufs de truite, par exemple.

CREVETTES MARINÉES

dans du jus de citron, de l'huile d'olive et des herbes (coriandre, persil…).

BRESAOLA AVEC DES GRAINES GERMÉES OU DES CRUDITÉS

Vous pouvez servir la bresaola avec du concombre ou des pousses germées, par exemple.

ROULÉS À LA GALETTE DE SARRASIN

Versez un œuf battu sur une galette de sarrasin et faites chauffer à la poêle, puis ajoutez une tranche de jambon de dinde et faites cuire 2 minutes avant de rouler la galette et de la découper en petits tronçons.

LINGOTS DE HARICOTS VERTS ET JAMBON CRU

Et aussi : olives, oléagineux (noix, noisettes, noix du Brésil, noix de macadamia…), tapenade, guacamole…

QUE MANGER AU RESTAURANT ?

Idée reçue n° 8 : « Pour mincir sur le long terme, aucun écart n'est permis. »

Quand vous invitez ou êtes invitée, en vacances et lors de fêtes, faites-vous plaisir ! De même, si vous avez envie d'une pâtisserie, il est important de vous l'accorder et de la savourer. Vous reprendrez votre routine les jours suivants.

Bien souvent, votre corps vous réclamera de revenir à l'alimentation à IG bas. C'est ce que disent de nombreuses femmes que j'accompagne. Ainsi, même si vous avez pris un ou deux kilos, vous les perdrez en quelques jours de retour à votre routine alimentaire IG bas. L'important est de le faire sans culpabilité, car la frustration et la culpabilité crispent votre corps et freinent la perte de poids.

Les repas au restaurant sont des repas « exceptionnels », sauf si vous y allez tous les jours, mais c'est plutôt rare. Dans ces situations, trois options s'offrent à vous :

1 **Vous ne mangez pas IG bas et vous revenez à votre routine les jours suivants.** Il n'y aura alors que très peu d'impact sur votre perte de poids si cela ne se reproduit pas plusieurs jours de suite. Vous constaterez par ailleurs que, dès que vous aurez commencé l'alimentation à IG bas, vous n'aurez pas envie de revenir à une alimentation « classique », car vous ressentirez probablement de la lourdeur en sortant de table. Beaucoup de femmes que j'accompagne l'affirment : lorsqu'elles ont l'occasion de goûter à une alimentation plus « lourde », elles y prennent moins de plaisir qu'avant et préfèrent souvent y renoncer.

2 **Vous choisissez un « entre-deux ».** Par exemple, une pizza ou un burger, avec une salade verte. D'une manière générale, si vous ajoutez de la salade (ou des légumes verts) à un plat à IG élevé, vous réduisez la charge glycémique de votre assiette. Pensez-y lorsque vous vous faites un petit plaisir !

Pizza et salade

Burger et salade

3 **Vous mangez IG bas.** Oui, il est possible de manger IG bas au restaurant tout en se faisant plaisir ! D'une manière générale, préférez l'option « entrée + plat » plutôt que « plat + dessert ». N'hésitez pas à demander à changer la garniture, par exemple des haricots verts ou de la ratatouille à la place de la purée ou des pâtes. Vous avez très envie de prendre un dessert ? Préférez un sorbet ou une coupe de fruits plutôt qu'une glace ou un gâteau.

Au restaurant chinois

En entrée, sélectionnez une salade chinoise au poulet ou aux crevettes ; en plat, des crevettes, du bœuf ou du poulet sautés sont de bonnes alternatives. En accompagnement, privilégiez les mélanges de légumes sautés.

La fondue chinoise, avec son bouillon dans lequel chacun pioche divers ingrédients est *healthy* et délicieuse. Concernant le riz ou les nouilles, tâchez de réduire les quantités et préférez un riz basmati. Si vous aimez les raviolis, limitez-en aussi la quantité (la pâte est à base de farine de riz, qui a un IG élevé) et préférez les raviolis à la vapeur aux raviolis frits.

À éviter : les nems, le riz gluant et les beignets dont l'IG est très élevé.

Au restaurant italien

Régalez-vous avec des antipasti : légumes grillés ou marinés, charcuterie ou encore fruits de mer. La saltimbocca, à base de tranches de veau fines enveloppées dans du lard et de sauge, est un excellent plat. Attention simplement à l'accompagnement : s'il s'agit de pâtes, demandez qu'on vous les remplace par des légumes (ou prenez des légumes en plus). Une salade italienne préparée avec de la roquette, de la mozzarella, des tomates, des légumes marinés et de la charcuterie italienne est également un délice. Si vous tenez à prendre un plat de pâtes, je vous conseille les pâtes aux légumes verts (*pasta verde*) : les légumes verts feront baisser l'IG global.

Au restaurant japonais

Vous pouvez choisir une soupe miso, riche en probiotiques, qui renforcera votre microbiote intestinal. L'edamame, ces graines de soja que l'on consomme très jeunes, souvent servi en apéritif, est un superaliment riche en fibres, en vitamines et en potassium. Profitez des savoureuses salades de chou (un excellent légume drainant minceur). Des sashimis ou des brochettes apporteront des protéines qui vous caleront et équilibreront le tout.

À éviter : les sushis dont le riz vinaigré est très riche en glucides. Si vous les aimez beaucoup, réduisez leur quantité et accompagnez-les de légumes.

Dans une crêperie

La crêperie est l'un des meilleurs choix de restaurant pour manger IG bas. Les galettes au sarrasin, bien souvent servies avec une salade verte, constituent un repas à IG bas minceur. En dessert, vous pouvez demander une galette au sarrasin avec du miel et du citron, par exemple.

EN RÉSUMÉ :

- L'alimentation à IG bas minceur permet de manger au restaurant.
- Un repas au restaurant non IG bas n'est pas un problème si vous revenez ensuite à votre routine.
- Très vite, vous aurez envie de manger IG bas, même au restaurant, car vous vous sentirez beaucoup mieux en sortant de table.

SAVOIR S'ORGANISER

> *« Le plus difficile est de se décider à agir, tout le reste n'est que de la ténacité ! »*
>
> Amelia Earhart

Le point commun de toutes les personnes que j'accompagne et qui ont réussi à atteindre leurs objectifs est qu'elles parviennent à bien s'organiser au quotidien. En effet, pour adopter une alimentation IG bas minceur, il est nécessaire de passer davantage de temps à anticiper et à cuisiner les repas.

Dégager du temps pour cuisiner maison

Votre emploi du temps est très chargé ? Vous n'avez pas le temps de cuisiner ? Commencez par lister tout ce que vous faites dans la journée qui vous prend du temps et que vous pourriez réduire. Pour vous y aider, je vous propose de compléter le tableau suivant.

À VOUS DE JOUER !

Activité que je peux supprimer	Temps passé par semaine
Regarder un film ou un épisode de série le soir	
Passer du temps sur les réseaux sociaux	
Faires des heures supplémentaires non nécessaires	
Faire les boutiques sans but d'achat	
Faire trop de ménage ou du rangement	
Autre :	
Total du temps passé	

« Lorsqu'il s'agit d'une priorité, on trouve toujours du temps ! »
Isabelle

Il existe de nombreuses astuces pour cuisiner maison rapidement :

- Acheter des produits bruts surgelés déjà découpés (légumes, notamment), des légumineuses ou des légumes en conserve ;
- Prévoir des plages horaires afin de cuisiner des plats pour la semaine (*batch cooking*) ;
- Cuisiner en grande quantité et congeler des préparations maison en petites portions ;
- Constituer un répertoire de recettes rapides et faciles que vous préparez régulièrement (plus on fait une recette, plus on est rapide à la reproduire) ;
- Faire un planning de menus le week-end pour la semaine afin de ne pas avoir à réfléchir au moment des repas (voir ci-dessous).

Élaborer un planning des menus

Le planning des menus vous évite le grand moment de solitude devant le réfrigérateur à 20 heures (« Qu'est-ce que je fais à manger ? »), qui se solde bien souvent par la préparation d'un plat de pâtes à la sauce tomate. Vous allégez aussi votre charge mentale, car une fois que le planning est fait, vous n'avez plus à y penser. Enfin, vous évitez le gâchis et réalisez des économies, les courses étant faites en fonction des menus. Voici ma méthode pour s'organiser :

ÉTAPE 1

Trouver des idées : livres, Pinterest, Instagram, etc. Vous pouvez suivre des comptes proposant des recettes à IG bas ou encore le #igbas. Je vous conseille de les prendre en photo avec votre téléphone lorsqu'elles vous intéressent. Petit à petit, vous constituerez votre bibliothèque de recettes à IG bas.

ÉTAPE 2

Recenser les recettes à un endroit unique : notes dans le téléphone, carnet dédié, classeur...

ÉTAPE 3

Établir votre planning. Je vous conseille de définir **un jour dans la semaine** pour faire votre planning afin que cela devienne une routine.

EXEMPLE DE PLANNING DES MENUS

Voici un exemple de planning pour une semaine conçu à partir des recettes proposées dans ce livre (voir p. 71 à 112). Il comprend notamment :

- **Deux goûters plaisir ++** avec des gâteaux à IG bas (mercredi et dimanche) ;
- **Un dîner plaisir ++** le samedi soir, avec un plat de pâtes que l'on accompagne de salade verte pour faire baisser l'IG. Ce dîner plaisir peut correspondre aussi à une invitation ou une sortie au restaurant ;
- **Des poissons gras et des oléagineux** pour l'apport en oméga-3 (voir p. 51).

Pour alléger votre charge mentale, je vous propose également plus loin un **planning global** qui intégrera d'autres éléments (voir p. 163).

	Lundi	Mardi	Mercredi	Jeudi	Vendredi	Samedi	Dimanche
Déjeuner	Pavé de saumon, fondue de poireaux et guacamole	Poulet au lait de coco et à la citronnelle	Choucroute de la mer	Rôti de veau, purée de patate douce et de haricots verts	Courgettes farcies à la bolognaise	Escalopes de dinde et légumes d'été	Parmentier de canard revisité
Goûter	1 poignée d'amandes*, 2 carrés de chocolat noir, 1 poignée de myrtilles	1 yaourt végétal, 1 poignée de noix de macadamia*, 2 carrés de chocolat noir	Mugcake aux pépites de chocolat	1 yaourt végétal, 1 poignée de noix de cajou*, 2 carrés de chocolat noir	1 poignée d'amandes*, 2 carrés de chocolat noir, 1 poire	1 poignée de noisettes*, 2 carrés de chocolat noir, 1 kiwi	Délices de crème au chocolat
Dîner	Galettes à l'avocat, bresaola et roquette	Terrine à l'italienne	Pizza minceur + salade verte	Salade de saumon et de cœurs de palmier, crème d'artichaut	Quiche-galettes saumon-épinards + salade verte	Spaghettis de riz complet à la bolognaise + salade verte	Avocado toasts au saumon fumé et roquette

Je vous conseille de choisir les oléagineux au naturel : non grillés et non salés.

Faire le ménage dans vos placards et votre réfrigérateur

Le but est de remplacer petit à petit les aliments non IG bas par leurs substituts IG bas. Voici quelques exemples :

- Chips de pomme de terre ⇒ chips de sarrasin, chips de patate douce ;
- Biscuits apéritifs ⇒ oléagineux ;
- Farine de blé ⇒ farine de coco, farine de pois chiche, farine de sarrasin ;
- Fromage et yaourts au lait de vache ⇒ fromage et yaourts au lait de chèvre ou de brebis, yaourts végétaux peu ou pas sucrés ;
- Crème fraîche ⇒ crème de coco, crème d'amande, crème de cajou ou autre crème végétale ;
- Lait de vache ⇒ boisson à la coco, boisson à l'amande ou autre boisson végétale ;
- Chocolat au lait ou blanc ⇒ chocolat noir à 70 % de cacao minimum ;
- Pâtes à tarte ⇒ galettes de sarrasin ;
- Pâtes de blé ⇒ pâtes de légumineuses, de riz complet ou de sarrasin ;
- Riz blanc ⇒ riz basmati, riz complet, riz noir, quinoa, sarrasin ;
- Pomme de terre ⇒ patate douce, courge butternut ;
- Pain de blé ⇒ pain au sarrasin (voir p. 75), pain aux amandes (voir p. 76), galettes de sarrasin.

Faire les courses

Je vous conseille de faire vos courses à deux endroits : au supermarché (ou primeur ou marché) pour le frais et dans un magasin de surgelés. Les **courses en ligne** sont très pratiques, car elles permettent de constituer des listes réutilisables d'une semaine sur l'autre, ce qui évite d'être tenté par d'autres produits. On gagne aussi un temps fou et on fait des économies. Il est possible aussi de commander en ligne les surgelés.

LISTE DES INDISPENSABLES (SELON MOI) :

- **Pour le petit déjeuner :** gingembre, œufs, jambon de dinde, truite ou saumon fumé, avocat, galettes de sarrasin…
- **Pour le déjeuner :** légumes, boîtes de sardines ou de maquereaux, œufs, viande (blanche en majorité, mais aussi canard ou encore boudin noir en hiver) ou poisson ou crustacés (les surgelés sont très bien).
- **Pour le dîner :** légumineuses (lentilles, haricots rouges ou blancs, pois chiches…) et féculents IG bas sans gluten (riz noir, riz complet, pâtes de riz complet, quinoa…), viande des Grisons ou bresaola, saumon fumé.
- **Pour les goûters :** fruits, yaourts de brebis ou de chèvre, farines IG bas (coco, pois chiche, sarrasin), huile de coco, chocolat noir à 70 % de cacao, oléagineux.
- **Pour les sauces :** épices (curry, curcuma…), lait ou crème végétale (coco, amande, cajou…), coulis de tomates, olives, tapenade.

COMPRENDRE

LES ÉTIQUETTES

Savoir lire les étiquettes vous aidera à faire les bons choix lors des courses. Voici l'exemple de la composition d'une **tablette de chocolat au lait**. Examinons d'abord la liste des ingrédients :

Ingrédients : sucre, matière grasse de coprah, beurre de cacao, poudre de LAIT, pâte de cacao, LACTOSE, poudre de LAIT écrémé, BEURRE LAITIER concentré, émulsifiant (lécithine de SOJA), NOISETTES, AMANDES, extrait de malt d'ORGE, arômes, arôme naturel de vanille.

Le sucre est ici l'ingrédient majoritaire, étant donné qu'il apparaît en première position sur la liste. Il convient de privilégier des produits ayant une **liste d'ingrédients courte** et que vous connaissez (les « E » et autres conservateurs sont mauvais pour votre microbiote intestinal). Les **ingrédients en tête de liste** sont ceux dont la quantité est la plus importante : donc, si le sucre apparaît parmi les premiers ingrédients, c'est mauvais signe.

Il est important aussi de prêter attention aux **données nutritionnelles**.

Cette tablette contient des glucides pour **près de la moitié de son poids** (45 g pour 100 g). Il est important de bien regarder la ligne « Glucides », qui renseigne sur la quantité totale de sucre contenue dans l'aliment. La ligne « (dont sucres) » correspond aux sucres naturellement présents dans les aliments (miel, fruits…) ou ajoutés. Ici, on a 44 g de sucres pour 100 g : la quasi-totalité des glucides est composée de sucre ajouté, car le premier ingrédient de l'étiquette est « sucre ».

Données nutritionnelles	(100 g/ml)
Valeur énergétique	2 575 Kj/620 Kcal
Matières grasses	46 g
(dont acides gras saturés)	33 g
Glucides	45 g
(dont sucres)	44 g
Protéines	5 g
Sel	0,19 g
Fibres alimentaires	2,8 g

La tablette renferme aussi **beaucoup d'acides gras saturés** (33 g sur 100 g) : le « mauvais gras ». En effet, le deuxième ingrédient de l'étiquette est « matière grasse végétale de coprah », qui est très riche en acides gras saturés.

Il y a aussi **peu de fibres** (qui nourrissent les bonnes bactéries du microbiote intestinal et font baisser l'IG) : 2,8 g pour 100 g seulement. Et **peu de protéines** (qui font baisser l'IG global) : 5 g sur 100 g.

ALIMENTS BIO ET LÉGUMES DE SAISON

Bien sûr, il est préférable pour votre santé de choisir des aliments bio et de manger des légumes de saison. Néanmoins, le bio a un coût non négligeable, pas toujours compatible avec votre budget. Il demande parfois de faire les courses dans plusieurs magasins, ce qui prend du temps. Il en est de même pour les aliments de saison : si vous n'aimez pas le chou-fleur, ne vous forcez pas à en manger en hiver.

Je le répète : pour garder cette alimentation sur le long terme, il est important de manger avec plaisir. Je vous conseille donc de ne **pas vous mettre de pression concernant ces sujets.** Cuisiner maison et manger très peu d'aliments industriels est bien plus essentiel ! Je pense qu'il faut choisir ses combats afin de ne pas s'épuiser. Enfin, attention aux aliments industriels estampillés bio : leur étiquette révèle parfois des surprises...

Avoir les bons ustensiles

- Des **récipients en verre** de différentes tailles pour conserver vos aliments : pour le ***batch cooking***.
- Une **mandoline** pour couper les légumes très finement en quelques minutes. Ils seront plus rapides à cuire.
- Un **cuit-vapeur** pour cuire les légumes en quelques minutes et très sainement. Celui que j'utilise est un petit modèle, parfait pour trois ou quatre personnes et très facile à laver.
- Si vous déjeunez au bureau, la ***lunch box*** est un ustensile qui vous sera très utile. Certains modèles maintiennent au chaud plusieurs heures ou se branchent, vous permettant de réchauffer votre repas.

Zoom sur… La cuisson à la vapeur

Ce mode de cuisson est non seulement rapide – une fois vos légumes coupés (c'est encore mieux si c'est à la mandoline !), ils sont cuits en 10 minutes maximum (comme les pâtes !) –, mais préserve aussi le goût et toutes les qualités nutritionnelles des aliments (comme les vitamines et les minéraux).

Adopter le *batch cooking*

Pour gagner du temps, je vous conseille d'adopter le *batch cooking*, pour découper et faire cuire à l'avance légumes ou féculents à IG bas. Ainsi, le jour même, vous n'aurez plus qu'à les assembler. Vous pouvez aussi confectionner à l'avance des terrines, des quiches-galettes, etc. Comme pour le planning, je vous conseille de **créer une routine** en choisissant toujours le même jour. Pour ma part, je le fais souvent le dimanche soir.

À VOUS DE JOUER !

Je décide de faire mon planning des menus le ....

Je décide de mettre en place mon *batch cooking* le ....

EN RÉSUMÉ :

- Une bonne organisation vous aidera à instaurer cette nouvelle alimentation très facilement.
- La première étape est de dégager du temps dans votre emploi du temps pour vous y consacrer.
- Il vous faudra faire un planning des menus : la clé de la réussite !
- Vos courses seront ainsi bien facilitées.

Carnet de recettes

Dans les pages qui suivent, je vous propose une sélection de recettes parmi celles qui plaisent le plus aux femmes que j'accompagne. Elles sont faciles et le plus souvent rapides à préparer. Ces recettes sont classées par type de repas afin de vous faciliter la tâche lorsque vous élaborerez votre planning de menus pour la semaine. Des variantes sont proposées afin d'adapter ces préparations à vos goûts.

En fin de carnet, vous trouverez de la place pour noter vos propres variantes, trouvailles et succès culinaires. Je suis sûre que, au fur et à mesure, vous apprécierez de plus en plus cuisiner.

Pour plus d'idées de recettes, n'hésitez pas à consulter mon site Internet : www.isabelleminceur.com

INGRÉDIENTS

1 galette au sarrasin (blé noir)

2 ou 3 œufs

Quelques brins de persil (facultatif)

Sel et poivre

Galette aux œufs brouillés coulants

POUR 1 PERSONNE

PRÉPARATION ET CUISSON : 10 MINUTES

1. Dans un bol, cassez les œufs (deux ou trois selon votre appétit) et mélangez sans battre.
2. Dans une casserole, placez les œufs à feu moyen. Salez et poivrez. Battez-les au fouet jusqu'à ce qu'ils épaississent.
3. Éteignez le feu : la préparation doit être encore coulante. Laissez 30 secondes sur la plaque chaude pour la fin de cuisson.
4. Faites réchauffer la galette au sarrasin au micro-ondes, à la poêle ou au four. Garnissez-la des œufs brouillés et parsemez de persil.

INGRÉDIENTS

300 g de farine de sarrasin

6 œufs

1 c. à café de sel

2 c. à soupe d'huile d'olive

½ c. à café
de bicarbonate alimentaire

1 c. à café
de vinaigre de cidre

Pain au sarrasin

POUR 1 PAIN

PRÉPARATION ET CUISSON : 1 HEURE

1. Préchauffez le four à 180 °C. Mélangez la farine, les œufs et le sel. Versez par-dessus 10 cl d'eau bouillante et l'huile d'olive. Ajoutez le bicarbonate et le vinaigre de cidre. La pâte doit avoir la consistance d'une pâte à pancakes. Ajustez si besoin la quantité d'eau, car selon la marque de farine de sarrasin, la pâte sera plus ou moins dense.
2. Versez la pâte dans un moule à cake (20 × 11 cm) chemisé de papier sulfurisé. Enfournez pour 50 minutes.

Variante

Vous pouvez utiliser cette pâte pour confectionner des pancakes.

Remarque

Au petit déjeuner, vous pouvez déguster ce pain avec des œufs brouillés coulants, du fromage de chèvre frais ou encore un peu de purée d'oléagineux.

Pain aux amandes

INGRÉDIENTS

300 g d'amandes en poudre

6 œufs

6 g de sel

1 c à café →

½ c. à café de bicarbonate alimentaire

2 c. à soupe d'huile de coco fondue

1 c. à café de vinaigre de cidre

↑ 1 c à Soupe

POUR 1 PAIN

PRÉPARATION ET CUISSON : 30 MINUTES

1. Préchauffez le four à 180 °C. Mélangez les œufs, les amandes en poudre et le sel à l'aide d'un fouet. Ajoutez le bicarbonate et l'huile de coco, mélangez. Versez par-dessus 10 cl d'eau bouillante, puis incorporez le vinaigre de cidre.
2. Versez la pâte dans un moule à cake (20 × 11 cm) chemisé de papier sulfurisé. Enfournez pour 45 minutes (en fonction de votre four, surveillez bien la cuisson).

Variante

Remplacez les amandes en poudre par des noisettes en poudre.

Astuce

Vous pouvez préparer ce pain d'avance, le couper en tranches et les congeler séparément. Faites réchauffer les tranches au grille-pain ou 20 secondes au micro-ondes.

Idées de dégustation

Au petit déjeuner, vous pouvez déguster ce pain avec des œufs brouillés coulants, du fromage de chèvre frais ou encore un peu de purée d'oléagineux.

Pavé de saumon, fondue de poireaux et guacamole

INGRÉDIENTS

2 pavés de saumon

4 blancs de poireaux

1 avocat

4 c. à soupe de crème de coco (ou autre crème végétale)

Curry (ou épices au choix)

Le jus de ½ citron

Sel et poivre

POUR 2 PERSONNES

PRÉPARATION ET CUISSON : 25 MINUTES

1. Préchauffez le four à 130 °C. Déposez les pavés de saumon dans un plat à gratin huilé. Salez et poivrez. Enfournez pour 15 à 20 minutes.
2. Coupez les blancs de poireaux en tronçons fins et faites-les cuire 10 minutes dans un cuit-vapeur. Placez-les dans une casserole, ajoutez la crème de coco, les épices et éventuellement 1 pincée de sel. Laissez fondre quelques minutes à feu doux.
3. Préparez le guacamole. Écrasez l'avocat à la fourchette, puis ajoutez 1 c. à café de curry, 1 pincée de sel et le jus de citron.
4. Servez les pavés de saumon accompagnés de la fondue de poireaux et du guacamole.

Astuce

La cuisson à basse température évite que la chair du poisson soit sèche.

Variante

Remplacez les blancs de poireaux par deux courgettes.

Choucroute de la mer

INGRÉDIENTS

600 g de choucroute lactofermentée en bocal

2 pavés de saumon frais ou surgelés

4 c. à soupe de crème de coco (ou une autre crème végétale)

1 c. à café de curry

1 c. à soupe d'huile d'olive

Quelques brins de persil

Sel et poivre

POUR 2 PERSONNES

PRÉPARATION ET CUISSON : 15 MINUTES

DÉCONGÉLATION : 1 HEURE

1. Si nécessaire, sortez le saumon du congélateur 1 heure avant de commencer la préparation.
2. Coupez en dés le poisson encore un peu congelé. Faites-le revenir 5 minutes dans un faitout avec l'huile d'olive. Salez et poivrez.
3. Placez la choucroute dans le faitout et faites chauffer quelques minutes à feu doux.
Ajoutez la crème de coco et le curry, puis mélangez.
Parsemez de persil.

Astuces

- Détailler le poisson en dés quand il est encore congelé facilite la découpe.
- Parsemez de quelques oléagineux (noix de macadamia, amandes, noix de cajou…) pour la déco.

Variante

Remplacez le saumon par une dizaine de crevettes ou quelques saint-jacques.

Poulet au lait de coco et à la citronnelle

INGRÉDIENTS

2 escalopes de poulet

½ poivron rouge
+ ½ poivron jaune

2 courgettes

1 branche de citronnelle fraîche ou surgelée

20 cl de lait de coco

1 c. à soupe d'huile d'olive

6 feuilles de basilic
+ Sel et poivre

POUR 2 PERSONNES

PRÉPARATION ET CUISSON : 30 MINUTES

1. Émincez la citronnelle si elle est fraîche. Portez à ébullition le lait de coco, puis ajoutez la citronnelle et laissez infuser.
2. Pendant ce temps, coupez les poivrons et les courgettes en fines lamelles. Détaillez les escalopes de poulet en dés.
3. Dans une poêle ou une sauteuse, faites revenir les poivrons et le poulet 5 minutes à feu doux avec l'huile d'olive. Salez et poivrez.
4. Ajoutez les courgettes et faites cuire encore 10 minutes. Versez un fond d'eau si les légumes attachent.
5. Ciselez le basilic. Filtrez le lait de coco infusé dans une passoire. Ajoutez-le dans la poêle avec le basilic et faites cuire 2 à 3 minutes.

Variante

Remplacez le poulet par une douzaine de crevettes.

Parmentier de canard revisité

POUR 3 OU 4 PERSONNES

PRÉPARATION ET CUISSON : 50 MINUTES

INGRÉDIENTS

2 cuisses de canard confites

1 petit céleri-rave (250 g)

200 g de patate douce

2 pommes

1 gros oignon

1 c. à café de cumin

Sel

1. Émincez l'oignon et faites-le compoter dans une casserole avec un fond d'eau. Ajoutez de l'eau au fur et à mesure de son absorption, jusqu'à ce que l'oignon soit fondant.
2. Épluchez le céleri-rave, la patate douce et les pommes, puis coupez-les en morceaux. Faites-les cuire 15 minutes dans un cuit-vapeur.
3. Désossez les cuisses de canard, effilochez la chair et déposez-la dans un plat à gratin (25 × 19 cm). Recouvrez de la compotée d'oignon.
4. Préchauffez le gril du four. Écrasez la patate douce, le céleri-rave et les pommes en purée. Mélangez et ajoutez le cumin, puis 1 pincée de sel. Déposez la préparation dans le plat, sur la viande. Vous pouvez former des « rayures » à l'aide d'une fourchette sur le dessus.
5. Placez 10 minutes environ sous le gril du four. Servez avec une salade verte.

Escalope de dinde et légumes d'été

INGRÉDIENTS

2 escalopes de dinde

2 poivrons (rouge et jaune)

2 courgettes

1 oignon

3 c. à soupe d'huile d'olive

Quelques feuilles de menthe (facultatif)

Sel et poivre

POUR 2 PERSONNES

PRÉPARATION ET CUISSON : 25 MINUTES

1. Coupez les poivrons et les courgettes à la mandoline ou émincez-les au couteau. Faites-les cuire 10 minutes dans un cuit-vapeur.
2. Émincez l'oignon. Dans une casserole, faites-le revenir à feu doux dans 1 c. à soupe d'huile d'olive avec un peu d'eau pour éviter qu'il attache.
3. Une fois les légumes cuits, ajoutez-les dans la casserole avec l'oignon. Versez 2 c. à soupe d'huile d'olive, salez et poivrez. Laissez fondre 15 minutes à feu doux.
4. Pendant ce temps, salez et poivrez les escalopes de poulet. Versez un filet d'huile dans une poêle et faites-les cuire 5 minutes de chaque côté.
5. Parsemez éventuellement de menthe. Servez les escalopes accompagnées des légumes.

Variante

Remplacez l'escalope de dinde par une escalope de poulet ou des aiguillettes de canard.

Rôti de veau, purée de patate douce et haricots verts

INGRÉDIENTS

1 rôti de veau (300-400 g)

300 g de patate douce fraîche ou surgelée

1 grosse poignée de haricots verts surgelés

20 cl de lait de coco (ou un autre lait végétal)

1 c. à soupe de basilic frais ou surgelé

1 c. à café de curry ou de cumin

+ Sel et poivre

POUR 2 PERSONNES

PRÉPARATION ET CUISSON : 30 MINUTES

1. Préchauffez le four à 190 °C. Salez et poivrez le rôti. Enfournez-le pour 25 minutes.
2. Coupez la patate douce en dés. Faites-la cuire 15 minutes dans un cuit-vapeur avec les haricots verts.
3. Mixez les légumes cuits, puis ajoutez le lait de coco, le basilic et le curry.
4. Servez le rôti accompagné de la purée de légumes.

Astuce

Avant d'enfourner le rôti, vous pouvez le parsemer d'un peu de thym pour donner du goût.

Variante

Remplacez les haricots verts par 300 g de céleri-rave ou de brocoli.

Courgette farcie à la bolognaise

INGRÉDIENTS

1 grosse courgette

100 g de veau haché

3 oignons

20 cl de coulis de tomates

1 c. à café de curcuma

4 c. à soupe d'huile d'olive

1 c. à café de basilic, d'origan ou d'herbes de Provence

+ Sel et poivre

POUR 1 PERSONNE

PRÉPARATION ET CUISSON : 30 MINUTES

1. Préchauffez le four à 180 °C. Coupez la courgette en deux dans le sens de la longueur. Évidez-la et conservez la chair. Déposez-la sur une plaque chemisée de papier sulfurisé et badigeonnez-la d'huile d'olive. Enfournez pour 25 minutes.
2. Pendant ce temps, préparez la sauce bolognaise. Émincez les oignons. Dans une petite casserole, faites-les compoter dans un fond d'eau. Ajoutez de l'eau au fur et à mesure de son absorption, jusqu'à ce que les oignons soient fondants.
3. Ajoutez la viande et faites revenir 5 minutes. Ajoutez le coulis de tomates, la chair de la courgette, le curcuma, l'huile d'olive et le basilic. Salez et poivrez. Laissez mijoter 5 minutes.
4. Garnissez la courgette de la sauce bolognaise et servez.

Variante

Remplacez la courgette par une aubergine ou un poivron.

Salade de saumon, quinoa, cœurs de palmier et crème d'artichaut

INGRÉDIENTS

1 belle tranche de saumon fumé

75 g de quinoa rouge rincé

2 cœurs de palmier

4 fonds d'artichauts en conserve

Le jus de 1 citron

2 c. à soupe d'huile d'olive

+

2 c. à soupe de crème de coco
(ou une autre crème végétale)

1 branche de coriandre

Quelques amandes

Sel et poivre

POUR 1 PERSONNE

PRÉPARATION ET CUISSON : 20 MINUTES

1. Faites cuire le quinoa 10 minutes à l'eau bouillante salée selon les indications du paquet.
2. Coupez les cœurs de palmier en fines tranches et le saumon fumé en petits dés.
3. Préparez la crème d'artichaut. Mixez les fonds d'artichauts avec la moitié du jus de citron, 1 c. à soupe d'huile d'olive et la crème de coco. Salez et poivrez, puis mélangez.
4. Préparez la sauce. Mélangez 1 c. à soupe d'huile d'olive, 1 c. à soupe de jus de citron, du sel et du poivre.
5. Dans l'assiette, déposez le quinoa, le saumon et les tranches de cœur de palmier. Parsemez de coriandre ciselée et d'amandes, puis arrosez de crème d'artichaut.

Variante

Remplacez le saumon fumé par de la truite fumée ou huit crevettes ou encore des sardines en conserve sans huile.

INGRÉDIENTS

5 tranches de bresaola

15 olives

15 tomates cerises

4 œufs

4 c. à soupe de coulis de tomates

20 cl de crème de coco (ou autre crème végétale)

1 c. à soupe de basilic frais ou surgelé

Sel et poivre

Terrine à l'italienne

POUR 2 OU 3 PERSONNES

PRÉPARATION ET CUISSON : 40 MINUTES

1. Préchauffez le four à 200 °C. Cassez les œufs dans un saladier. Ajoutez le coulis de tomates, la crème de coco, les olives et les tomates cerises.
2. Coupez les tranches de bresaola en morceaux et ajoutez-les au contenu du saladier. Salez et poivrez.
3. Ajoutez le basilic, mélangez le tout et déposez la préparation dans un moule à cake (25 × 12 cm) chemisé de papier sulfurisé. Enfournez pour 30 minutes environ.
4. Servez la terrine accompagnée d'une salade verte.

Variante

Remplacez les tomates cerises par une dizaine de tomates séchées. Si vous aimez les plats relevés, ajoutez du piment de Cayenne ou d'Espelette.

Astuce

Cette terrine peut également être dégustée au petit déjeuner, il suffira juste de la réchauffer.

Avocado toasts au saumon fumé et roquette

POUR 2 PERSONNES

PRÉPARATION ET CUISSON : 20 MINUTES

INGRÉDIENTS

2 avocats

2 tranches de saumon fumé

4 tranches de pain au sarrasin
(voir recette p. 75)

4 poignées de roquette

2 c. à soupe de jus de citron

Aneth frais ou surgelé

\+

2 c. à soupe d'huile d'olive

Quelques tagliatelles de concombre pour la décoration

Sel et poivre

1. Toastez les tranches de pain. Coupez le saumon fumé en lanières.
2. Écrasez les avocats avec 1 c. à soupe de jus de citron, du sel et du poivre. Étalez la crème obtenue sur le pain, puis ajoutez le saumon.
3. Enroulez les tagliatelles de concombre sur elles-mêmes et déposez-les par-dessus. Parsemez d'aneth.
4. Préparez la sauce. Mélangez l'huile d'olive, 1 c. à soupe de jus de citron, du sel et du poivre.
5. Servez les toasts avec de la roquette arrosée de sauce.

Variantes

Remplacez le saumon fumé par de la truite fumée, de la bresaola, de la viande des Grisons ou encore un œuf au plat. Vous pouvez aussi ajouter une pointe de piment à la crème d'avocat.

Quiche-galettes saumon-épinards

INGRÉDIENTS

3 galettes de sarrasin (blé noir)

4 tranches de saumon fumé

4 blocs d'épinards surgelés

3 œufs

20 cl de lait de coco

POUR 2 À 3 PERSONNES

PRÉPARATION ET CUISSON : 40 MINUTES

1. Préchauffez le four à 200 °C. Faites décongeler les épinards au micro-ondes, puis essorez-les soigneusement. Coupez les tranches de saumon fumé en lanières.
2. Placez les galettes dans un moule à tarte (ø 27 cm) chemisé de papier sulfurisé en les faisant remonter sur le bord.
3. Battez les œufs et le lait de coco vigoureusement. Déposez le saumon et les épinards dans le moule, puis versez le mélange précédent par-dessus. Enfournez pour 20 minutes.

Variante

Remplacez le saumon fumé par de la truite fumée, du jambon ou de la bresaola. Remplacez les épinards par des courgettes, des champignons ou tout autre légume. Cette recette est variable à l'infini !

Variante

Je conseille également la quiche-galettes pour le petit déjeuner. Préparez-la à l'avance pour la réchauffer rapidement le matin.

Galette avocat, bresaola et roquette

INGRÉDIENTS

1 galette de sarrasin (blé noir)

1 avocat

3 tranches de bresaola

1 belle poignée de roquette

1 filet de jus de citron

Curry ou épices au choix (curcuma, cumin, paprika…)

1 filet d'huile d'olive

POUR 1 PERSONNE

PRÉPARATION ET CUISSON : 10 MINUTES

1. Préchauffez le four à 200 °C et enfournez la galette pour 5 minutes (ou réchauffez la galette dans une poêle antiadhésive).
2. Écrasez l'avocat et mélangez avec le jus de citron et du curry. Étalez la crème d'avocat sur la galette.
3. Déposez par-dessus les tranches de bresaola, puis la salade, et arrosez d'huile d'olive. Roulez en wrap et dégustez.

Variante

Remplacez la bresaola par du saumon fumé ou de la truite fumée.

Pizza minceur

INGRÉDIENTS

POUR LA PÂTE

75 g de farine de sarrasin

2 blancs d'œufs

2 c. à soupe de psyllium blond

Sel et poivre

POUR LA GARNITURE

10 cl de coulis de tomates

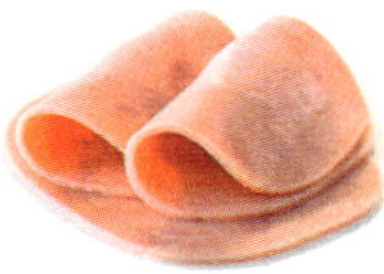

2 tranches de jambon blanc

1/3 de poivron rouge
+ 1/3 de poivron jaune

2 champignons

Fromage de chèvre râpé

3 tranches de chèvre frais (facultatif)

+ 1 c. à café d'origan

POUR 1 PERSONNE

PRÉPARATION ET CUISSON : 40 MINUTES

1. Préchauffez le four à 180 °C. Mélangez la farine, les blancs d'œufs, du sel et du poivre. Incorporez 5 cl d'eau et le psyllium blond. Remuez bien pour former une pâte.
2. Étalez la pâte sur une plaque de four recouverte de papier sulfurisé pour former un disque de 20 cm de diamètre. Recouvrez de coulis de tomates et parsemez d'origan. Ajoutez le jambon, puis les poivrons et les champignons coupés en fines lamelles.
3. Parsemez de fromage râpé et ajoutez éventuellement le chèvre frais. Enfournez pour 10 à 15 minutes.

Variante

Remplacez le jambon par de la bresaola ou de la viande des Grisons.

Spaghettis de riz complet à la bolognaise

POUR 2 PERSONNES

PRÉPARATION ET CUISSON : 40 MINUTES

INGRÉDIENTS

180 g de spaghettis de riz complet

200 g de veau haché

10 champignons

4 carottes (250 g)

3 oignons

20 cl de coulis de tomates

+

1 c. à café de curcuma

2 c. à soupe d'huile d'olive

6 feuilles de basilic fraîches ou surgelées

Sel et poivre

1. Coupez les champignons en dés et les carottes en rondelles (si possible, utilisez une mandoline). Émincez les oignons très finement.
2. Dans une petite casserole, faites compoter les oignons dans un fond d'eau. Ajoutez de l'eau au fur et à mesure de son absorption, jusqu'à ce que les oignons soient fondants. Ajoutez la viande et faites cuire 5 minutes.
3. Faites cuire les spaghettis *al dente* en suivant les indications portées sur le paquet.
4. Dans la casserole, ajoutez le coulis de tomates, les carottes, les champignons, le curcuma, l'huile d'olive, le basilic et du sel. Faites mijoter 15 minutes environ.
5. Servez les pâtes surmontées de la sauce bolognaise. Salez et poivrez. Accompagnez d'une salade verte.

Astuce

Je vous recommande les spaghettis au riz brun de la marque Valpibio® : ils sont délicieux et sans gluten !

Délices de crème au chocolat

INGRÉDIENTS

100 g de chocolat noir à 70 % de cacao au minimum

30 cl de crème de coco

10 noix de macadamia

POUR 2 CRÈMES

PRÉPARATION : 10 MINUTES

RÉFRIGÉRATION : 1 HEURE

1. Cassez le chocolat en morceaux et faites-le fondre au bain-marie. Incorporez-le à la crème de coco et remuez bien.
2. Versez la préparation dans deux ramequins et réservez au moins 1 heure au réfrigérateur.
3. Concassez les noix de macadamia au couteau. Déposez-les sur les crèmes et servez.

Variante

Remplacez les noix de macadamia par des noisettes ou des amandes.

Panna cotta coco-passion

INGRÉDIENTS

20 cl de lait de coco

20 cl de crème de coco

1 c. à soupe de sucre de coco

1 gousse de vanille

2 c. à soupe de psyllium blond

2 fruits de la Passion

POUR 2 PANNA COTTA

PRÉPARATION : 1 HEURE 10 MINUTES

1. Dans une casserole, faites chauffer le lait et la crème de coco 5 minutes à feu doux. Incorporez le sucre de coco et remuez.
2. Grattez l'intérieur de la gousse de vanille avec la pointe d'un couteau et ajoutez les graines au mélange précédent. Éteignez le feu et laissez tiédir 30 secondes.
3. Ajoutez le psyllium blond et mélangez. Répartissez la préparation dans deux ramequins et recouvrez de la pulpe des fruits de la Passion.
4. Laissez reposer au moins 1 heure au réfrigérateur et servez.

Variante

Remplacez les fruits de la Passion par un coulis de fruits rouges.

Cookies choco-banane

POUR 9 COOKIES MOYENS

PRÉPARATION ET CUISSON : 30 MINUTES

INGRÉDIENTS

100 g de chocolat à 70 %
de cacao au minimum

90 g de farine de pois chiche

90 g de farine de riz complète

1 œuf

1 c. à soupe d'huile de coco

2 bananes bien mûres

1. Préchauffez le four à 180 °C. Concassez le chocolat pour obtenir de grosses pépites.
2. Mélangez les deux farines, l'œuf et l'huile de coco. Écrasez les bananes et incorporez la purée obtenue. Ajoutez les pépites de chocolat.
3. Formez des petites boules et déposez-les sur une plaque recouverte de papier sulfurisé.
4. Enfournez pour 15 minutes environ, en vérifiant la cuisson au bout de 10 minutes pour les recouvrir éventuellement d'une feuille d'aluminium.

Astuce

Pour former les boulettes de pâte, aidez-vous de deux cuillères à soupe. Si l'huile de coco est compacte, faites-la fondre au four à micro-ondes.

Mugcake aux pépites de chocolat

POUR 1 MUGCAKE

PRÉPARATION ET CUISSON : 12 MIN 50

INGRÉDIENTS

2 grands carrés de chocolat à 70 % de cacao au minimum

1 c. à soupe de farine de coco

1 œuf

1 c. à soupe de psyllium blond

1 c. à soupe d'eau de fleur d'oranger

1. Dans un mug, mélangez la farine de coco, l'œuf et le psyllium blond. Ajoutez 6 c. à soupe d'eau, puis l'eau de fleur d'oranger. Mélangez bien.
2. Ajoutez le chocolat concassé en pépites et remuez de nouveau.
3. Faites cuire 2 min 50 au micro-ondes à puissance maximale.

Astuce

Veillez à prendre une eau de fleur d'oranger sans sucre ajouté, cela n'est pas toujours le cas…

Vos bonnes idées et réussites en cuisine

Vos bonnes idées et réussites en cuisine

Vos bonnes idées et réussites en cuisine

Vos bonnes idées et réussites en cuisine

2

Adopter la psychologie positive

QU'EST-CE QUE LA PSYCHOLOGIE POSITIVE ?

La psychologie positive, appelée aussi **« science du bonheur »**, étudie les conditions et processus qui contribuent à l'épanouissement ou au fonctionnement optimal des personnes et des organisations. Cette discipline a fait son apparition en 1998 aux États-Unis. **Elle s'intéresse à la santé et au bien-être, mais aussi à ce qui rend un individu heureux, optimiste et résilient**. Elle se base sur des résultats observés à travers des études scientifiques et vise à développer ce qui donnera un sens à votre vie.

Selon la psychologie positive, **le bien-être s'articule autour de cinq piliers** :

1 **Les émotions positives**
Ce sont celles qui vous boostent : joie, gratitude, amusement, espoir ! L'objectif est de faire en sorte qu'elles soient de plus en plus présentes dans votre vie. Vous y parviendrez grâce à de petits exercices tout simples. Au départ, vous devrez vous y astreindre, puis ils deviendront très vite naturels.

2 **L'engagement**
Vous engager dans une association, en politique ou pour une cause qui vous tient à cœur donne du sens à vos actions et à votre vie.

3 **Les relations sociales épanouissantes**
Il s'agit de celles que vous entretenez dans votre couple, avec votre famille, vos amis, mais aussi vos collègues. Plus vos relations sont profondes et enrichissantes, plus elles vous comblent.

4 **Le sens et le but de la vie**
Trouver un sens à votre vie et vous sentir utile professionnellement et personnellement contribue à votre bien-être.

5 **Le sentiment d'accomplissement**
Vous le ressentez quand vous êtes capable de vous fixer des objectifs et de les atteindre. Plus vous le faites, plus vous avez envie de continuer et de sortir de votre zone de confort.

Le travail sur ces cinq facteurs du bien-être vous apportera Épanouissement, Force, Vitalité, Prospérité et Satisfaction ! **Grâce à la psychologie positive, vous tirerez aussi parti de toute situation pour en faire une expérience positive**. Vous positiverez ainsi votre vision globale de la vie, qui est faite d'opportunités et non de menaces.

La psychologie positive est complémentaire de la psychologie classique. Comme l'affirme Martin E.-P. Seligman, le père de la psychologie positive, « il y a deux stratégies complémentaires pour améliorer la condition humaine. L'une consiste à libérer ce qui ne va pas, l'autre à renforcer ce qui est positif ». C'est ce dernier aspect qui est au cœur de la psychologie positive.

Idée reçue n° 9 : « La psychologie positive c'est comme la pensée positive. »

Contrairement à la pensée positive (popularisée par la méthode Coué), la psychologie positive a un fondement scientifique. De nombreuses études ont été et sont toujours réalisées. La pensée positive est basée sur l'autosuggestion et écarte totalement le négatif. La psychologie positive, quant à elle, accepte le négatif et le considère avec réalisme. En l'adoptant, vous vous focaliserez moins sur le négatif et mettrez davantage en avant le positif.

Pourquoi ça marche dans le cadre du projet minceur ?

La psychologie positive vous aidera à augmenter votre bien-être et contribuera à votre équilibre émotionnel. Vous serez :

- Plus positive – vous gagnerez en motivation et en confiance ;
- Plus alignée avec ce que vous souhaitez vraiment faire grâce aux projets que vous allez identifier et activer ;
- Plus sereine – vous parviendrez à gérer vos émotions et aurez donc moins besoin de chercher du réconfort dans la nourriture.

> **Meilleur équilibre émotionnel = moindre envie de manger vos émotions !**

Ainsi, vous réglez le problème à la source ! Par ailleurs, en vous appropriant la psychologie positive, vous attirerez à vous une multitude de choses positives et votre vie va littéralement changer. Toutes les femmes que j'accompagne qui parviennent à intégrer la psychologie positive dans leur vie obtiennent des résultats quant à leur projet minceur. Ils sont parfois même spectaculaires.

Zoom sur… Le taux vibratoire

Le taux vibratoire d'une personne est la **fréquence à laquelle elle vibre**. On parle également de **niveau d'énergie** : énergie basse ou haute. Il s'agit de quelque chose qui n'est pas tangible. Votre langage non verbal, votre ton de voix, votre façon d'être, tout cela donne des indications sur l'énergie que vous dégagez. Plus le taux vibratoire est élevé, plus la personne a une énergie positive. Un taux vibratoire élevé est aussi associé à un meilleur système immunitaire.

Les facteurs permettant d'améliorer le taux vibratoire sont les suivants :

- Une alimentation saine ;
- Des émotions positives : la psychologie positive est parfaite ici ;
- La méditation ;
- Une bonne respiration ;
- Des relations sociales épanouissantes ;
- Le fait de bouger.

En augmentant votre taux vibratoire, vous attirerez à vous du positif, car les personnes que vous rencontrerez ressentiront l'énergie positive que vous dégagez. De cette façon, vous aurez plus de chance d'être embauchée, de vous faire des amis, de rencontrer l'amour, de réussir votre projet entrepreneurial... C'est le cercle vertueux du positif !

VERS MOINS DE CULPABILITÉ ET PLUS D'AUTOBIENVEILLANCE

> *« S'aimer soi-même est le début d'une histoire d'amour qui durera toute une vie ! »*
>
> Oscar Wilde

Trois conseils anti-culpabilité

La psychologie positive fournit des outils permettant d'aller vers plus d'autobienveillance et de moins culpabiliser. **Le sujet de la culpabilité est récurrent lors de mes consultations** : culpabilité d'avoir trop mangé, d'avoir « mal » mangé, de ne pas avoir fait assez d'activité physique…

Voici trois conseils anti-culpabilité :

Prenons un exemple concret. Aujourd'hui, vous avez mangé six carrés de chocolat, alors que vous aviez décidé d'en consommer deux par jour.

1 **Relativisez.** Vous n'avez pas mangé la tablette ! Ou encore : vous êtes déjà passée au chocolat à 70 % de cacao ou même à celui à 80 % : il est donc beaucoup moins sucré que le chocolat que vous preniez avant !

2 **Focalisez-vous sur le positif.** Relevez tout ce que vous avez fait de positif par ailleurs en faveur de votre projet minceur : bouger, consommer plus de légumes lors des repas, manger en conscience… Il y a sûrement quelque chose de positif, mais vous l'oubliez car vous vous focalisez sur ce petit « craquage »… que vous pourriez d'ailleurs appeler « plaisir ».

3 **Comprenez.** Pourquoi avez-vous eu envie de plus de chocolat aujourd'hui ? Était-ce lié à de la fatigue ? Était-ce de la faim ou une envie de manger émotionnelle ? Y a-t-il assez de plaisir dans votre alimentation ? Peut-être l'objectif de deux carrés par jour est-il trop ambitieux pour l'instant. **Il n'y a aucun problème à revoir ses objectifs et à les ajuster.**

Au-delà de la culpabilité associée à la nourriture, j'observe lors de mes consultations que la culpabilité chez les femmes est **omniprésente**. Vous détacher de l'une des autres formes de culpabilité vous aidera à vous détacher de la culpabilité liée à l'alimentation. Dans le tableau ci-dessous, je vous propose plusieurs pistes pour vous libérer de vos pensées de culpabilité en les transformant : vous vous sentirez alors très vite beaucoup mieux !

Pensée de culpabilité	Comment la transformer ?
Culpabilité de ne pas avoir assez travaillé/fait de choses	Listez toutes vos tâches effectuées au lieu de vous focaliser sur le reste à faire de votre to do-list et soyez-en fière ! Bien souvent, des choses imprévues s'ajoutent, et vous les gérez en temps et en heure.
Culpabilité de ne pas passer assez de temps avec votre famille	Privilégiez les temps de qualité ! Quelques minutes où vous êtes pleinement avec votre enfant ou votre conjoint valent beaucoup plus qu'une journée pendant laquelle vous n'êtes pas entièrement disponible pour eux et passez votre temps à regarder votre téléphone.
Culpabilité de ne pas être assez présente pour vos parents qui prennent de l'âge ou pour vos amis	Soyez présente autrement que physiquement : *via* des messages ou encore par téléphone.
Culpabilité de ne pas avoir commencé certains projets	Une journée n'a que 24 heures ; vous ne pouvez pas tout faire ! Concentrez-vous sur les projets déjà enclenchés.
Culpabilité de faire garder vos enfants pour prendre du temps pour vous	En prenant du temps pour vous, vous gagnez en énergie et les moments que vous passerez ensuite avec vos enfants seront d'autant plus qualitatifs.

Oui à l'autobienveillance !

L'autobienveillance se travaille. Il s'agit de positiver la manière dont vous vous parlez, cette fameuse « petite voix intérieure ».

Positivez votre « petite voix intérieure »

Comme pour les envies émotionnelles de manger, la première étape est de **prendre conscience de vos pensées culpabilisantes et rabaissantes.** Dans le tableau page suivante, j'ai listé les pensées qui reviennent régulièrement chez les personnes que j'accompagne et suggéré comment il est possible de les modifier. Au risque de me répéter : vous êtes la seule personne à pouvoir décider de changer la teneur de vos pensées et il ne tient qu'à vous de transformer votre discours intérieur.

Voici quelques exemples de discours négatifs et leurs versions autobienveillantes :

☹	☺
Je vais encore échouer…	Je me donne une autre chance !
J'ai connu tellement d'échecs…	Ils m'ont permis d'apprendre beaucoup sur moi !
Cela me paraît impossible…	Je vais relever ce challenge !
J'ai repris 1 kilo, quelle nulle !	Je me suis fait plaisir, je reprends les bonnes habitudes !

À VOUS DE JOUER !

Vos pensées culpabilisantes ☹	Vos pensées autobienveillantes ☺

Faites la paix avec votre miroir

Pour certaines femmes, se réconcilier avec leur miroir est particulièrement difficile, car elles ont une **image d'elles-mêmes très dégradée**, soit parce qu'on leur a dit des petites **phrases assassines** du type « tes jambes sont affreuses », « ne mange pas cette glace, tout va atterrir dans tes fesses », soit parce qu'on leur a donné des **surnoms** comme « la bouboule », « la baleine », etc. Ces mots sont restés gravés dans leur tête et elles ont tendance à les ressasser. Il y a aussi les **commentaires de certains proches**, comme : « Tiens, tu as pris du poids depuis la dernière fois ! »

L'une des manières de se détacher de ces remarques est de se dire que les personnes, qui se permettent de faire des réflexions, ont sans doute elles aussi un problème avec leur image. Pour cette raison, lorsqu'on me demande comment on peut aider ses enfants à être à l'aise avec leur image, je conseille de s'occuper d'abord de la sienne.

« Je n'aime pas ce que je vois » ou encore « Je n'arrive pas à me regarder dans le miroir » sont des phrases que j'entends très régulièrement en consultation. Un sondage a montré que **87 % des femmes aimeraient changer leur apparence**.

Et vous ? Le matin, devant le miroir, que vous dites-vous ? **Et si vous décidiez de vous focaliser sur ce qui vous plaît dans votre physique plutôt que sur ce qui ne vous convient pas ?** Pour ce faire, il est important que vous réfléchissiez à ce qui vous plaît chez vous physiquement et à la manière dont vous pourriez le mettre en valeur afin de davantage y concentrer votre attention lorsque vous vous regardez.

À VOUS DE JOUER !

Dans le tableau suivant, entourez ce qui vous correspond.

Ce qui vous plaît	Moyens de le(s) mettre encore plus en valeur
Vos yeux	Maquillage
Votre sourire	Rouge à lèvres
Vos cheveux	Soins, nouvelle coupe et/ou accessoires
Vos jambes	Porter des jupes et/ou des robes. Trouver des collants originaux.
Votre look	Ajouter des accessoires, mettre de la couleur.
Vos mains, vos pieds	Vernis à ongles, manucure et/ou pédicure
Votre poitrine	Jolis hauts et pourquoi pas... des décolletés !
Autre :	
Autre :	
Autre :	

Une fois cette réflexion faite, vous pourrez modifier vos pensées :

- « Je n'aime pas ce que je vois » => « Quelle belle coiffure aujourd'hui ! »
- « Je n'en peux plus de ce ventre... » => « Top, mon décolleté, je suis super sexy ! »

Par ailleurs, bien souvent, **vous ne vous voyez pas telle que les autres vous voient**. De nombreuses femmes que j'accompagne ont un visage magnifique et je les trouve lumineuses. Mais elles se focalisent uniquement sur leur poids. La psychologie positive les aide à **changer leur regard intérieur**.

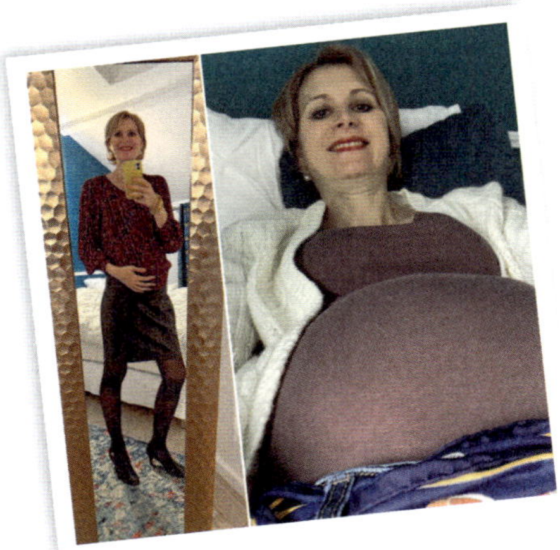

Sur ces deux photos, j'étais enceinte de huit mois. À gauche, on distingue à peine mon ventre ; à droite, on ne voit que lui ! Comme vous voyez, tout est une question de perspective...

Changez votre perspective et vous verrez combien vous êtes jolie et charmante !

Une fois que vous aurez fait la paix avec votre image, je vous invite à **vous prendre en photo en concentrant votre attention sur les éléments que vous voulez mettre en valeur**. Pour ce faire :

- Valorisez les parties de votre corps que vous aimez ;
- Choisissez votre plus belle tenue et faites votre plus beau sourire ;
- Prenez un selfie devant votre miroir ou encore demandez à un proche de vous prendre en photo en recommençant autant de fois que nécessaire, jusqu'à ce que la photo vous plaise.

Vous pouvez aussi vous offrir une **séance photo avec un photographe**.

N'attendez pas d'être allée au bout de votre projet minceur pour vous réconcilier avec votre image. En le faisant dès à présent, vous bénéficierez d'une aide incroyable pour accomplir vos objectifs ! Je vous invite à répéter la phrase suivante **cinq fois à voix haute** (à faire tous les jours si vous sentez que vous en avez besoin) : **« Je suis jolie et charmante, je me réconcilie avec mon image. »**

Détachez-vous du regard des autres

> *« L'avis des autres, c'est la vie des autres ! »*
>
> Paulo Amaro

Le regard des autres est également un sujet qui revient souvent lors de mes consultations. Certaines femmes ne s'inscrivent pas à un club de sport par peur du regard des autres sur leur surpoids. D'autres s'habillent uniquement avec des couleurs foncées ou n'osent pas porter d'accessoires trop voyants pour ne pas attirer l'attention.

Pourtant, bien souvent, les autres ne font pas plus attention à vous que cela. Vous pensez qu'ils vous scrutent alors qu'il n'en est rien ! Peut-être certains vous jugent-ils, mais **il ne tient qu'à vous de décider de ne pas y prêter attention** ! Par ailleurs, n'oubliez pas d'envisager que les gens puissent vous regarder parce qu'ils apprécient certains points de votre apparence. Par exemple :

- Ils pensent que vous avez du charisme ;
- Ils vous trouvent charmante ;
- Ils aiment votre style vestimentaire ou vos chaussures ;
- Ils apprécient votre coiffure ;
- Ils aiment la manière dont vous êtes maquillée.

Bien souvent, vous imaginez du négatif et vous êtes convaincue qu'ils vous jugent. Transformez ce focus négatif en focus positif et vous vous sentirez bien mieux. Pour vous détacher du regard des autres, **vous fixer des défis vous aidera énormément**. Plus vous essayerez des petites choses qui vous font peur au départ, plus vous prendrez confiance en vous.

À VOUS DE JOUER !

Quel défi pourriez-vous vous lancer ? N'oubliez pas de définir une date approximative afin que cela soit plus concret et que cela vous aide à passer à l'action. Cochez les cases correspondantes à vos intentions.

	Dans les jours à venir	Dans les mois à venir	Dans les années à venir
Je m'habille avec un vêtement très coloré ou original et j'assume.			
Je mets un rouge à lèvres très voyant ou du vernis à ongles.			
Je poste une photo de moi sur les réseaux sociaux.			
Je porte un chapeau, des lunettes de soleil ou un autre accessoire voyant.			
Je parle en public (lors d'un dîner ou d'une réunion, par exemple).			
Autre :			

EN RÉSUMÉ :

- Il est possible d'introduire davantage d'autobienveillance en prêtant attention à votre discours intérieur et en le positivant.
- Porter votre attention sur ce qui vous plaît dans votre corps vous aidera à faire la paix avec votre image.
- Vous lancer des petits défis du quotidien vous permettra de ne plus vous soucier du regard des autres.

VERS MOINS DE FRUSTRATION ET PLUS DE PLAISIR

« Le bonheur, c'est le plaisir sans remords. »
Socrate

La frustration est un autre sujet récurrent dans mes consultations. Les femmes qui viennent me voir n'en peuvent plus des **régimes restrictifs**. Pour certaines d'entre elles, le plaisir de manger est un vrai apprentissage, tant la frustration est devenue la normalité. L'une d'entre elles m'expliquait qu'elle était frustrée toute la semaine pour craquer de manière démesurée le week-end... Certaines femmes ont du mal à casser ce **cercle vicieux de la frustration**, car le plaisir est absent de leur assiette depuis de nombreuses années.

Dans cette méthode, fini la frustration ! Peser les aliments ou encore compter les calories, c'est TERMINÉ !

Stop aux grosses détox !

Compléments alimentaires « magiques », cures de jus, jeûnes interminables... Il y a l'embarras du choix. Ces produits promettent des miracles, mais je vous conseille de vous en méfier. Bien sûr, la détox vous fera perdre 3 à 5 kilos en quelques jours, mais à quel prix ! Une telle cure coûtera non seulement probablement **très cher** mais aussi, au-delà du prix, vous n'aurez aucun plaisir à avaler uniquement des jus pendant une semaine ou encore à boire de la sève de bouleau. Par ailleurs, sur le moyen terme, **le résultat est bien souvent l'inverse de celui escompté** : vous serez plus affaiblie et fatiguée. En effet, toutes vos toxines seront délogées d'un seul coup et votre foie sera saturé, ce qui est très fatigant pour l'organisme. Vous aurez donc envie de vous rattraper sur la nourriture pour vous requinquer : effet yo-yo assuré !

Dans ma méthode, je vous propose une **mini-détox** à réaliser tous les jours grâce à l'infusion de gingembre (voir p. 35). Le changement d'alimentation générera naturellement la détox de votre corps. Il est donc inutile d'en rajouter. Comme vous mangerez des aliments bons pour votre organisme, vous n'aurez pas besoin de le purifier !

Vos aliments et textures préférées

« Comment manger des aliments bénéfiques pour mon organisme sur le long terme ? » vous demandez-vous. La réponse est simple : en choisissant ceux que vous aimez ! Plus vous connaissez vos goûts, plus vous pourrez manger IG bas minceur avec plaisir. Je vous conseille d'**établir le Top 5 des aliments que vous aimez le plus** et de trouver, si besoin, leurs alternatives à IG bas. Voici quelques exemples :

- Chocolat au lait ⇒ chocolat noir à 70 % de cacao ;
- Gâteaux industriels ⇒ gâteaux maison à IG bas (voir recettes p. 111) ;
- Chips ⇒ chips de sarrasin, chips de légumes ;
- Pâtes blanches ⇒ pâtes de riz complet, pâtes de légumineuses ;
- Pain ⇒ pain au sarrasin (voir recette p. 75) ou autre recette à IG bas, galettes au sarrasin ;
- Pommes de terre ⇒ patates douces.

À VOUS DE JOUER !

TOP 5 DE VOS ALIMENTS PRÉFÉRÉS :	TOP 5 DE LEUR(S) ALTERNATIVE(S) À IG BAS :
1.	1. ....
2.	2. ....
3.	3. ....
4.	4. ....
5.	5. ....

Certaines personnes peuvent sans problème, du jour au lendemain, remplacer un aliment par son équivalent à IG bas. Pour d'autres, cette nouvelle habitude est plus compliquée à mettre en place et il faudra alors procéder par étapes.

Prenons l'exemple du chocolat :

Chocolat au lait > chocolat noir dessert > chocolat noir à 63 % de cacao > chocolat noir à 70 % de cacao > chocolat noir à 90 % de cacao (Oui, oui, c'est possible ! Si j'y suis arrivée, vous pouvez le faire aussi ! Il existe de très bons chocolats noirs à 90 % de cacao.)

Une femme que j'ai accompagnée avait choisi, pour faciliter la transition, un chocolat noir aux graines de sésame, car elle appréciait sa texture croquante. C'est aussi une bonne alternative.

Le **planning des menus** (voir p. 64) vous aidera également : en prévoyant des repas qui vous font plaisir, vous vous réjouirez d'avance de les savourer !

La texture est aussi un élément essentiel dans l'appréciation d'un aliment. Voici quelques exemples de textures :

Croquant
- Oléagineux et graines
- Fruits (les pommes, par exemple)
- Crudités

Onctueux
- Purées
- Soupes et veloutés
- Yaourts végétaux, de chèvre ou de brebis
- Guacamole, houmous ou autres dips

Moelleux
- Pain au sarrasin
- Gâteaux moelleux
- Quiches

Composer de belles assiettes

N'hésitez pas à **mettre de la couleur** ! Utiliser de belles assiettes vous aidera à en apprécier davantage leur contenu. Ainsi, il vaut la peine d'investir dans un ensemble d'assiettes que vous trouvez jolies, car vous les verrez tous les jours.

Bien disposer vos aliments, comme au restaurant, est une autre idée qui vous permettra de mieux apprécier vos repas. Choisissez des **aliments de couleurs différentes** pour égayer votre plat. Il a été prouvé qu'une assiette joliment disposée incite à moins manger.

Enfin, procurez-vous des **contenants de tailles différentes** ou encore des **cercles en Inox** pour dresser vos plats comme au restaurant.

Plusieurs femmes que j'ai accompagnées sont passionnées de cuisine. Elles ont créé des comptes Instagram sur lesquels elles partagent leurs recettes. Pourquoi ne pas adopter cette solution, qui vous donnera très certainement envie de composer de belles assiettes ? Lorsqu'on publie une photo sur les réseaux sociaux, on soigne davantage la présentation !

EN RÉSUMÉ :

- Il est possible de mincir sans restriction ni frustration.
- Les cures détox intensives ne sont pas la solution, car elles engendrent très souvent l'effet yo-yo.
- Connaître vos aliments à IG bas et textures préférés vous permettra de manger avec plaisir et de conserver cette alimentation sur le long terme.

LES OUTILS

Le tableau de visualisation

« Fais de ta vie un rêve, et de ce rêve une réalité ! »
Antoine de Saint-Exupéry

Le tableau de visualisation est un outil très puissant, étant donné qu'il vous permettra de relativiser votre projet minceur en y ajoutant vos trois autres piliers de vie. Cet outil vous servira également à :

- Clarifier vos objectifs, projets et intentions ;
- Visualiser au quotidien vos objectifs afin de passer à l'action et de saisir les opportunités qui se présenteront à vous ;
- Vous rappeler les autres accomplissements pour garder la motivation si vous connaissez une période de stagnation dans votre projet minceur.

Voici les trois règles clés pour créer votre tableau de visualisation :

1. Lorsque vous choisirez les items à y faire figurer, il est important que vous rêviez sans limite ! Pas de limite de temps ni de budget : inscrivez vraiment **TOUTES vos envies** !

2. Une fois le tableau réalisé, il sera important de le placer dans un lieu de passage afin que vous puissiez **le voir le plus souvent possible**.

3. **Visualisez précisément chaque item** : vous concrétiserez de cette façon dans votre esprit comment vous souhaitez que les choses se passent. Votre cerveau ne fait pas la différence entre vos pensées et la réalité : vous allez ainsi créer votre réalité !

Cet outil sera le reflet de vos envies profondes. **Si vous ne savez pas encore comment vous allez les atteindre, ce n'est pas grave.** Inscrivez tout de même ce dont vous avez envie, et vous verrez que tout se mettra en place naturellement, au bon moment. Le tableau de visualisation associé à un mode de pensée positif vous aidera à activer la **loi de l'attraction** selon laquelle nous attirons ce sur quoi nous focalisons notre attention.

Pour vous aider à construire votre tableau de visualisation, j'ai défini quatre piliers (d'après ceux qui reviennent le plus souvent lors de mes consultations). Vous y trouverez aussi des **idées d'items** (à adapter pour les personnaliser, bien sûr.). J'ai défini des mots afin de vous donner un maximum d'exemples, mais il est possible d'utiliser des **images**, des **citations**, des **couleurs** : n'hésitez pas à faire fonctionner votre imagination et votre créativité !

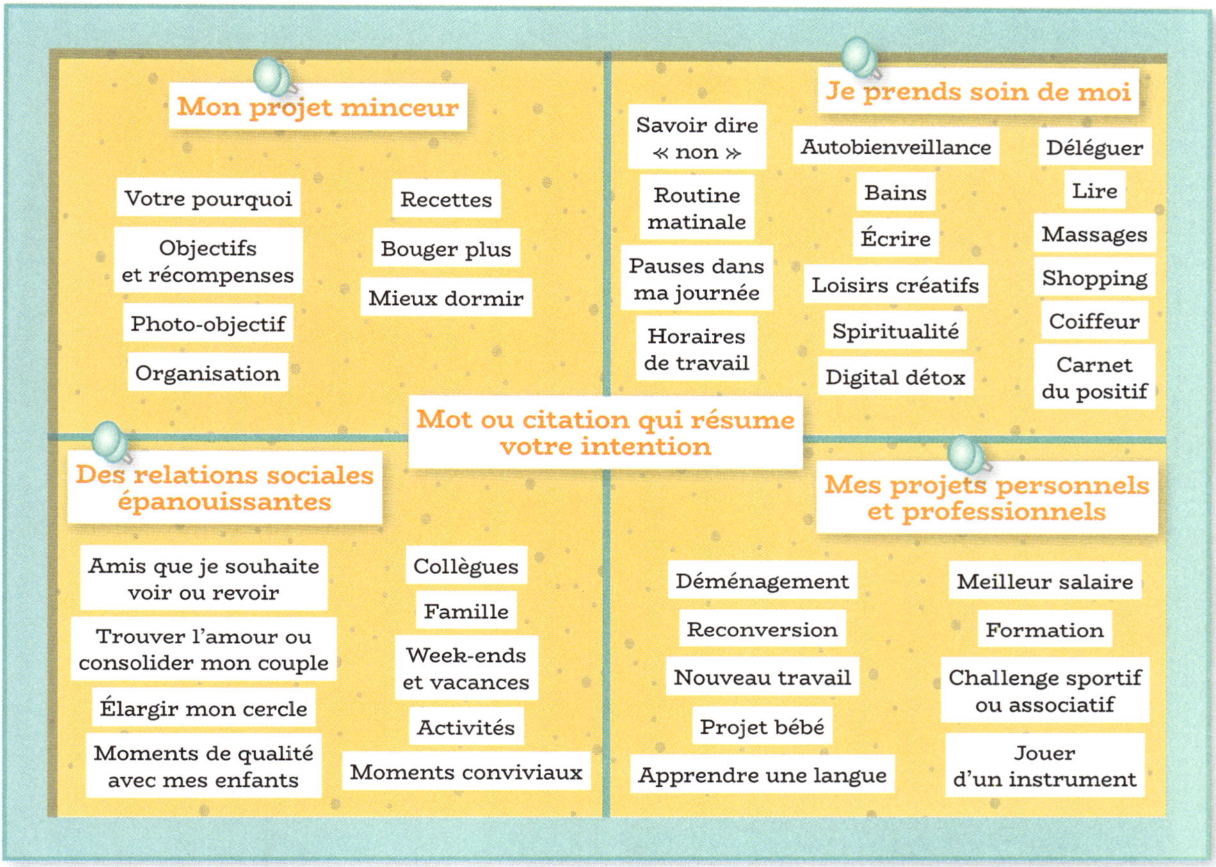

Projet minceur

> *« Elle croyait qu'elle pouvait le faire, alors elle l'a fait ! »*
>
> R. S. Grey

VOTRE POURQUOI

Il s'agit de votre motivation profonde. Pour la mettre en mots, je vous invite à vous poser plusieurs fois la question « pourquoi ». Par exemple :

◊ Pourquoi est-ce que je souhaite mincir ?

→ Pour être en meilleure santé.

◊ Pourquoi ai-je envie d'avoir une meilleure santé ?

→ Pour être moins essoufflée.

◊ Pourquoi ai-je besoin d'être moins essoufflée ?

→ Pour passer de bons moments
et jouer avec mes enfants ou mes petits-enfants.

Il s'agit du « cœur » de votre motivation !

Voici plusieurs exemples de réponses issues de mes consultations :

- « Pour donner l'exemple aux enfants et pour qu'eux aussi aient envie d'être bien dans leur corps. »
- « Pour que mes enfants soient fiers de moi. »
- « Pour ne pas tomber malade dans le futur ou guérir de mes maladies actuelles. »
- « Pour porter des vêtements qui me plaisent. »
- « Pour gagner en énergie et être moins stressée ou angoissée. »
- « Pour avoir une meilleure image de moi-même. »
- « Pour avoir davantage confiance en moi. »
- « Pour que mon mari mincisse. » (En effet, plusieurs femmes me consultent pour leur mari, parfois même sans que ces derniers soient au courant. Et c'est une bonne idée ! Si ce sont elles qui cuisinent, la méthode fonctionne très bien.)

OBJECTIFS ET RÉCOMPENSES

Les objectifs peuvent être quantitatifs ou qualitatifs.

Objectifs quantitatifs :

- Nombre de kilos ;
- Perte en centimètres (tour de taille, des cuisses, des bras...) ;
- Changer de taille de vêtement ;
- Rentrer dans un vêtement test ;
- Gagner un nombre de crans de ceinture ;
- Éliminer tel ou tel bourrelet ;
- Améliorer les résultats des analyses de sang (taux de glycémie à jeun, taux de cholestérol...).

Objectifs qualitatifs :

- Une plus grande autobienveillance ;
- Davantage de lâcher-prise ;
- Moins de nourriture émotionnelle ou de compulsions ;
- Une meilleure santé ;
- Un meilleur moral ;
- Moins de stress.

Voici ma vision des choses : dans un projet minceur, il est important de vous adapter. Si vous ne réussissez pas du premier coup, vous pouvez revoir vos objectifs, il n'y a rien de grave. Mais vous fixer des objectifs vous aidera à garder le cap.

REMARQUE

Lorsque vous souhaitez **perdre un poids important**, je vous conseille de procéder par étapes, en vous fixant des objectifs accompagnés de la date de réalisation souhaitée.

Quant aux **récompenses**, elles sont à indiquer en face de chaque objectif quantitatif.

Zoom sur...
La balance : amie ou ennemie ?

Certaines femmes que j'accompagne se pèsent jusqu'à 15 fois par jour, avant et après avoir mangé, parfois même après être allées aux toilettes. **Si vous sentez que la balance devient trop obsessionnelle**, je vous conseille de **changer de référentiel** pour mesurer votre évolution : centimètres, crans de ceinture, taille de vêtement...

Grâce à la psychologie positive et à l'autobienveillance qu'elle vous apportera, vous parviendrez à réguler cette obsession et **vous vous sentirez libérée** ! Je l'observe tous les jours avec les femmes que j'accompagne : l'une d'entre elles m'a envoyé un message, quelques semaines après notre coaching, me disant que pour la première fois elle avait réussi à passer un mois de vacances sans se peser et qu'au retour elle n'avait pas pris un gramme. C'était une vraie victoire pour elle.

Je vous conseille de vous peser une fois par semaine, le mercredi, car c'est souvent le week-end que vous pouvez reprendre un peu de poids. Le lundi, vous revenez à votre routine, et généralement le mercredi tout est stabilisé.

En vous pesant une fois par semaine, **vous pourrez très vite rectifier une reprise de poids** si celle-ci a eu lieu. Ainsi, vous ne laisserez pas les kilos s'installer, car **il est plus facile de corriger que de tout recommencer**. Cependant, chaque personne étant différente, n'hésitez pas à adapter cette règle si vous en ressentez le besoin. Et si vous peser tous les jours vous motive, continuez !

À VOUS DE JOUER !

Fixez les différentes étapes de votre objectif.

Objectif	Date	Récompense

PHOTO-OBJECTIF

Il s'agit d'une photo qui va vous motiver, par exemple :

- Une photo de vous d'il y a quelques années avec la silhouette que vous souhaitez retrouver ;
- Une photo d'une femme qui vous inspire ;
- Une photo de la tenue que vous souhaiteriez porter de nouveau ;
- Une photo d'une tenue que vous aimeriez acheter ;
- Une photo de plage pour vous encourager à retrouver votre silhouette d'ici l'été ;
- Une autre photo : à vous de trouver celle qui pourra vous motiver le mieux.

ORGANISATION

Épingler des photos ou des mots représentant la manière dont vous pensez vous organiser vous aidera à passer à l'action. Quelques exemples :

- Une photo de *batch cooking* ;
- Une photo d'un planning des menus ;
- Une lunch box pour vos repas du midi.

RECETTES

Placez des photos ou des noms de recettes à IG bas que vous envisagez de préparer régulièrement.

BOUGER PLUS

Vous pouvez mettre des photos de l'exercice physique que vous aimeriez pratiquer.

MIEUX DORMIR

Placez des photos ou des mots concernant :

- L'heure à laquelle vous souhaiteriez vous coucher ;
- L'huile essentielle de lavande (qui aide à l'endormissement) ;
- Un carnet du positif pour y écrire les choses positives de votre journée (voir aussi p. 143) ;
- Un bain relaxant ;
- Toute autre chose que vous aimeriez faire le soir pour mieux dormir.

Ce pilier regroupe tout ce que vous souhaitez mettre en place dans le cadre de votre projet minceur. Je vous conseille de sélectionner des objectifs très précis. Vous pourrez les ajuster au fur et à mesure de votre parcours, car un tableau de visualisation est amené à évoluer.

Prendre soin de moi

> *« Prenez soin de votre corps pour que votre âme ait envie d'y rester ! »*
>
> Proverbe indien

Il va s'agir de **VOUS donner la priorité** là où vous donnez souvent la priorité aux autres. C'est aussi vous accorder du temps et parfois vous dire que « le ménage attendra ». C'est un pilier clé ! Lors de mes consultations, j'ai remarqué que les femmes qui parviennent à mincir le plus facilement sont celles qui prennent du temps pour elles. Leur corps est ainsi relâché et plus apte à réagir positivement à une nouvelle hygiène de vie.

Lorsque vous prenez soin de vous, votre taux de cortisol (hormone du stress ; voir aussi p. 27) baisse et a un impact positif sur votre projet minceur. En effet, plus le taux de cortisol est important, plus vous risquez de prendre du poids. Je reçois en consultation des femmes ayant fait un burn out ou une dépression. Dans de tels cas, il est nécessaire de se reconstruire avant d'entamer un projet minceur : prendre soin de soi est alors la première étape ! Voici des exemples de ce que vous pouvez faire pour prendre soin de vous.

AU QUOTIDIEN

- Mettre en place une routine matinale : 5 ou 10 minutes pour vous tous les matins ;
- Marquer des pauses dans la journée : exercice de cohérence cardiaque ou simplement une pause thé/café, par exemple. N'hésitez pas à bloquer ce temps dans votre agenda professionnel pour ne pas être dérangée. Il en est de même pour votre pause déjeuner ;
- Tenir vos horaires de travail : évitez les heures supplémentaires non nécessaires pour ne pas vous épuiser. Si vous êtes amenée à vous déplacer pour votre travail, prévoyez une journée plus calme à votre retour ;
- Cultiver l'autobienveillance : orientez votre petite voix intérieure vers des paroles bienveillantes[3] ;
- Savoir dire « non » : il ne s'agit pas d'un comportement égoïste, mais d'une manière de protéger votre bien-être et votre énergie. Par exemple, dites « non » aux collègues qui souhaitent vous donner un dossier supplémentaire alors que vous êtes déjà surchargée de travail.

PLUS PONCTUELLEMENT

- Prendre un bain ou vous faire une séance cocooning dans votre salle de bains ;
- Écrire : comme si vous parliez à votre meilleure amie, afin de prendre conscience de vos émotions ;

- Loisirs créatifs : couture, tricot, peinture ou autre… Une telle activité reposera votre esprit et vous permettra d'être davantage dans le moment présent ;
- *Digital detox* : les écrans à outrance créent un stress supplémentaire. Faire une *digital detox* de temps en temps vous permettra de vous recentrer ;
- Déléguer : partager un peu de votre charge mentale à votre conjoint, confier certaines tâches à vos collègues… Prendre soin de soi, c'est aussi savoir se faire aider !
- Lire : prendre le temps de vous « poser » avec un bon livre vous apaisera beaucoup.
- Spiritualité : les moments de recueillement invitent à la prise de recul, c'est une manière de prendre soin de soi.
- Massage : faites-vous masser ou demandez à un proche de le faire.
- Shopping : un nouveau vêtement ou accessoire vous permettra de vous sentir plus jolie et mieux dans votre peau.
- Coiffeur ou manucure : il n'est pas nécessaire d'avoir atteint vos objectifs minceur pour vous faire belle !

UN RENDEZ-VOUS AVEC VOUS-MÊME

Beaucoup de femmes que j'accompagne ont des difficultés à prendre soin d'elles tellement elles n'en ont pas l'habitude. Pour commencer, je vous propose le principe du « rendez-vous avec vous-même » : une heure par semaine rien que pour vous.

Planifiez ce moment dans votre agenda comme s'il s'agissait d'un rendez-vous chez le dentiste (en bien plus réjouissant !). Prendre un rendez-vous chez le coiffeur, pour une manucure ou un massage vous permettra de vous y tenir si vous ne parvenez pas à prendre ce moment pour vous autrement.

Ce rendez-vous avec vous-même peut aussi très bien être une heure de lecture ou de couture.

Relations sociales épanouissantes

> *« La vie est un sommeil, l'amour en est le rêve. Et vous aurez vécu si vous avez aimé. »*

Alfred de Musset

En psychologie positive, les relations épanouissantes sont l'un des piliers du bien-être. Voir des gens que vous aimez, partager de bons moments, approfondir vos relations procure davantage d'émotions positives.

Une étude visant à identifier les facteurs qui provoquent le bonheur a été menée par des chercheurs de Harvard. Il s'agit de la plus longue étude jamais réalisée : elle a débuté en 1938 et a duré pendant sept décennies. Elle portait sur un panel de plus de 700 femmes et hommes que l'on interrogeait tous les deux ans et qui devaient fournir un bulletin de santé. Les chercheurs en ont conclu que les personnes, qui sont le plus connectées socialement et qui ont donc des relations sociales épanouissantes, sont plus heureuses et en meilleure santé. Elles vivent aussi plus longtemps[4].

AMIS : LES VOIR PLUS SOUVENT, ENRICHIR VOS RELATIONS OU ÉLARGIR VOTRE CERCLE

« Nous sommes la moyenne des cinq personnes que nous fréquentons le plus souvent », nous dit Jim Rohn, célèbre écrivain, entrepreneur et coach en développement personnel. Plus vous fréquentez des personnes positives et qui vous boostent, plus vous recevez de l'énergie positive. Dans votre tableau, vous pouvez citer le nom des amis que vous souhaitez voir plus souvent, ou revoir, en réfléchissant aux personnes avec qui vous vous sentez le mieux.

Avoir des relations sociales riches passe d'abord par **l'entretien de vos amitiés**. Pour ce faire, vous pouvez :

- Prendre régulièrement des nouvelles de vos amis, même par SMS, pour maintenir le lien ;
- Organiser des moments de convivialité pour vous voir sans attendre que l'initiative vienne des autres ;
- Fêter ensemble les bonnes nouvelles ;
- Remercier vos amis pour ce qu'ils vous apportent.

Pour **élargir votre cercle d'amis**, plusieurs choses vous aideront :

- Faire partie d'une ou de plusieurs associations, vous engager dans la vie citoyenne de votre ville ou village ;
- Participer à des groupes Facebook sur des sujets qui vous passionnent – vous y rencontrerez des gens qui ont les mêmes centres d'intérêt que vous.

TROUVER L'AMOUR OU RENFORCER VOTRE COUPLE

Ce thème revient très souvent lors de mes consultations et c'est bien normal, car **l'amour est l'un des piliers de notre vie**. Il constitue même le pilier principal, selon moi ! Si vous cherchez l'amour, indiquez-le sur le tableau. Je vous propose en parallèle un petit exercice (voir page suivante) pour vous aider dans votre réflexion. Il s'agit de faire le bilan de ce que vous ont appris vos précédentes relations avant de préparer votre « liste au Père Noël », comme je l'appelle. L'idée est de noter tout ce que vous recherchez chez un partenaire, voire de dresser son portrait-robot.

Ce que vous avez appris de vos précédentes relations et qui a fait évoluer votre recherche :

- ....
- ....
- ....
- ....
- ....

Qualités qui seront les siennes :

- ....
- ....
- ....
- ....
- ....
- ....

Votre liste au Père Noël

Valeurs qui seront les siennes :

- ....
- ....
- ....
- ....
- ....

Attributs physiques :

- ....
- ....
- ....
- ....
- ....
- ....

Dessin ou croquis de son portrait :

Si vous êtes en couple, vous pouvez souhaiter **renforcer encore plus votre relation**. Voici quelques exemples de résolutions que vous pourriez avoir envie de faire pour atteindre cet objectif :

- ◊ Week-ends en amoureux ;
- ◊ Activités à deux – regarder une série ou un film et en discuter ensuite, pratiquer un sport ou se promener, aller voir un spectacle ou sortir au cinéma, ou juste déjeuner ou dîner en tête à tête à la maison ou ailleurs ;
- ◊ Prendre le temps d'avoir des discussions au-delà des sujets du quotidien, ne serait-ce que 10 à 15 minutes par jour : s'intéresser au travail de l'autre, à ses passions, à ses lectures et centres d'intérêt et, bien sûr, partager les vôtres. Ces échanges enrichiront votre relation ;

◊ Faire preuve de plus de bienveillance : compliments, remerciements, petits cadeaux sans raison particulière. Vous pouvez aussi vous envoyer des messages ou des petits mots gentils par SMS lorsque vous n'êtes pas ensemble. Ces attentions vous permettront d'entretenir la flamme grâce à une communication bienveillante et vous éviteront de vous laisser absorber par les préoccupations du quotidien (liste de courses, l'heure à laquelle il faut aller chercher les enfants…). Cette bienveillance vous empêchera également de tomber dans la routine et de vous focaliser sur ce qui n'a pas été fait, ou a été « mal fait » par l'autre selon vous.

FAMILLE

Qu'il s'agisse de vos parents, de vos enfants ou du reste de votre famille, n'hésitez pas à indiquer les activités que vous souhaiteriez pratiquer ensemble, ou tout simplement leur dire que vous aimeriez les voir ou les appeler plus souvent.

COLLÈGUES

Si vous souhaitez renforcer vos liens avec certains collègues, notez leurs noms. Si vous souhaitez tout simplement amorcer des relations, indiquez-le aussi.

CONVIVIALITÉ

Notez les moments conviviaux que vous aimeriez vivre davantage : dîners, sorties, activités…

VACANCES ET WEEK-ENDS

Écrivez les idées de vacances que vous avez ou, si vous n'en avez pas, les moments auxquels vous aimeriez prendre des vacances dans l'année.

LES VERTUS DU SMS « COUP DE BOOST »

Il s'agit d'un SMS qui renforcera vos relations et vous donnera un grand coup de boost. Vous allez écrire à vos proches ce que vous préférez chez eux. Pour que le message soit encore plus percutant, essayez d'être la plus précise possible : « ta bienveillance », « ton humanité », « ta curiosité », « ta perspicacité »… plutôt que « ta gentillesse » ou « ton intelligence », qui sont des compliments un peu plus fréquents. La personne qui recevra votre message sera très touchée et vous répondra très certainement. Adresser des compliments et en recevoir renforcera vos relations et vous apportera beaucoup d'émotions positives !

Les 3 choses que je préfère chez toi sont :

–

–

–

Et toi ? Quelles sont les 3 choses que tu préfères chez moi ?

Je t'embrasse

Projets personnels et professionnels

> *« Certains veulent que ça arrive. D'autres aimeraient que ça arrive. Et les autres font que ça arrive. »*

Michael Jordan

Avoir des projets permet de moins penser à la nourriture, car les projets nourrissent l'esprit. Souvent, les personnes ayant des compulsions alimentaires ressentent un vide dans leur vie, qu'elles comblent par la nourriture. L'action entraîne l'action, alors n'hésitez pas à commencer par de petits projets. Vous verrez que vous en enclencherez de plus gros par la suite !

DÉMÉNAGEMENT

Précisez le lieu ou la région où vous souhaitez déménager. Si vous n'en avez aucune idée, cherchez une image de la maison ou de l'appartement de vos rêves.

RECONVERSION PROFESSIONNELLE

Indiquez le projet, en apportant des précisions, si vous en avez à ce stade, par exemple un domaine d'activité. Vous pouvez lister ce que vous aimeriez faire à ce poste : voyager, échanger avec des personnes de plusieurs pays, être dans l'opérationnel... Si vous n'en savez rien, écrivez simplement « reconversion professionnelle », et l'idée fera son chemin !

AVOIR PLUS D'ARGENT

Ce sujet revient très souvent lors de mes coachings, car parfois, pour réaliser vos rêves, vous avez besoin de moyens financiers. Pour gagner plus d'argent, deux options s'offrent à vous :

- Dépenser moins. Voici quelques pistes pour y arriver :
  - Tenir un budget ;
  - Revoir vos contrats d'assurance, forfait de téléphone, bref toutes les dépenses fixes ;
  - Mincir sur le long terme et suivre cette méthode avec sérieux – vous n'aurez plus à investir dans des séances de coaching ou des programmes, des livres, des compléments alimentaires ou encore des crèmes amincissantes.
- Gagner plus. Voici plusieurs idées :
  - Vendre des vêtements et/ou objets. Attention néanmoins au temps passé : si les mettre en vente vous en prend beaucoup et vous empêche de vous préparer à des entretiens d'embauche pour un travail mieux rémunéré, par exemple, cette option n'est peut-être pas la bonne ;
  - Louer des objets dont vous disposez, votre voiture ou encore votre logement lorsque vous n'y êtes pas ;
  - Changer de travail et obtenir un meilleur salaire ;
  - Avoir une activité extraprofessionnelle, par exemple la vente à domicile.

Exemple de tableau de visualisation

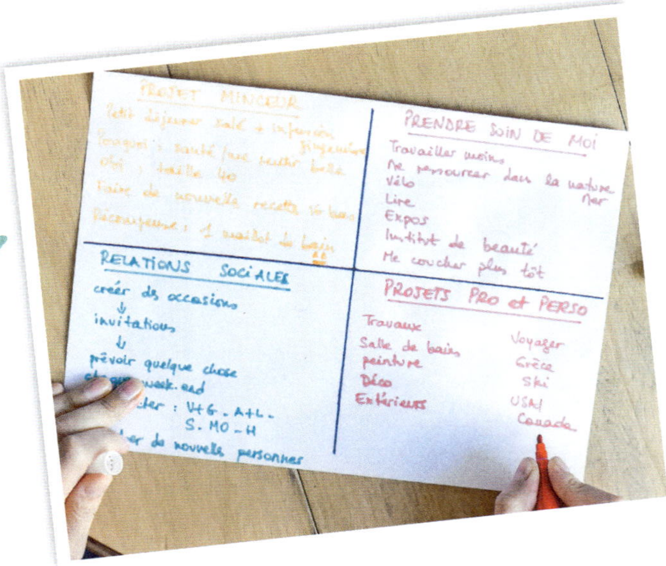

APPRENTISSAGES

Voici quelques exemples, parmi ceux qui reviennent souvent : apprendre une langue étrangère ; jouer d'un instrument ; vous former à un sujet qui vous passionne ; vous initier à une activité manuelle (couture, tricot…) ; faire du développement personnel pour mieux vous connaître (ateliers, formation, lectures…).

DÉFIS

Voici deux exemples récurrents : défi sportif (marathon, course…) ; défi associatif (courir pour une cause qui vous tient à cœur, par exemple).

Au centre du tableau de visualisation, je vous conseille d'inscrire un mot ou une citation qui résume votre intention globale. Votre « mot de l'année » en quelque sorte !

Le carnet du positif

Il s'agit d'un outil de suivi très efficace. Tenir ce carnet est un bon moyen de suivre au quotidien ce que vous avez inscrit dans votre tableau de visualisation en ce qui concerne le projet minceur. Tout mettre par écrit vous permettra de **le relire en cas de baisse de motivation**. Vous pourrez ainsi vous rappeler toutes les choses positives de vos journées précédentes. Voici ce que vous allez y noter.

◊ Vos ressentis

- Votre météo du jour : comment vous vous sentez intérieurement ;
- Votre alimentation – tout ce que vous mangez, en surlignant ou en entourant en vert le POSITIF. Vous pouvez noter également toutes vos petites victoires du jour, par exemple, en ce qui concerne votre alimentation :

- Avoir pris un petit déjeuner salé et protéiné ;
- Avoir mangé davantage de légumes que d'habitude ;
- Avoir testé une nouvelle recette à IG bas ;
- Ne pas être entrée dans une boulangerie pour prendre la viennoiserie qui vous tentait ;
- Avoir décalé votre dessert au goûter ;
- Avoir su apprécier quelques carrés de chocolat sans manger la moitié de la tablette ;

◊ Votre exercice physique – vous pouvez noter tout ce que vous faites pour bouger plus. Par exemple :
- Avoir pris les escaliers plutôt que l'ascenseur ;
- Vous être arrêtée à l'arrêt de métro ou de bus précédent pour finir le trajet à pied ;
- Vous garer un peu plus loin pour marcher plus ;
- Avoir fait du ménage.

◊ Ce que vous avez fait dans la journée pour prendre soin de vous. Par exemple :
- Un peu de cohérence cardiaque ;
- Avoir tenu vos horaires de travail ;
- Être allée chez le coiffeur ;
- Avoir eu davantage de pensées autobienveillantes.

◊ Ce qui vous a inspiré de la gratitude – les trois choses positives de votre journée :
- Un message agréable reçu ;
- Un bon moment partagé avec de la famille ou des amis ;
- Une discussion agréable entre collègues ;
- Un compliment adressé ou reçu ;
- Un sourire de la part d'un voisin, d'une personne croisée dans la rue ;
- Une petite victoire accomplie (avoir effectué une tâche que vous vous vouliez faire depuis longtemps : rangement, activité physique, appeler une amie, prendre du temps pour vous...).

Si vraiment vous manquez d'idées, vous pouvez lister trois choses pour lesquelles vous avez de la chance, par exemple :
- Avoir un toit ;
- Être en bonne santé ;
- Être entourée de votre famille ;
- Avoir un travail ;
- Avoir à manger.

Comprendre que vous avez de la chance d'avoir ces choses simples, alors que d'autres non, vous permettra de **relativiser vos petits tracas du quotidien** et de modifier ainsi la teneur de vos pensées.

Les études en psychologie positive ont prouvé que la gratitude avait de nombreux bienfaits :

- Les personnes consacrent plus de temps à pratiquer une activité physique[5] ;
- Un sommeil de meilleure qualité[6] ;
- Un accroissement du bien-être[7] ;
- Une meilleure perception de son corps[8] !

Je vous propose ci-dessous un exemple :

VOTRE RESSENTI

Météo du jour :

Pourquoi je me sens ainsi ?

ALIMENTATION

Petit déjeuner :

Déjeuner :

Goûter :

Grignotage :

Dîner :

Mes victoires du jour :

- ....
- ....
- ....

EXERCICE PHYSIQUE

....

PRENDRE SOIN DE MOI

....

LES CHOSES POSITIVES DE MA JOURNÉE

....

J'AI DE LA CHANCE, CAR...

....

Le bocal de vos fiertés

« Effacez le gris de votre vie et allumez les couleurs que vous avez à l'intérieur ! »

Pablo Picasso

Le bocal de vos fiertés est un outil très facile à réaliser qui vous aidera énormément à avoir davantage confiance en vous. L'idée est très simple : il s'agit d'écrire vos fiertés sur des Post-it et de les mettre au fur et à mesure dans un bocal en verre. Vous pourrez les relire si vous avez un petit coup de mou. Je vous conseille la méthode suivante.

Listez vos grandes fiertés depuis votre naissance

Par exemple :

- Obtention de diplômes et/ou du permis de conduire ;
- Emploi(s) décroché(s) ;
- Vos enfants ;
- Votre mariage ou la rencontre avec votre conjoint ;
- Un achat immobilier ou l'acquisition d'une voiture ;
- Adoption d'un animal de compagnie.

Ce sera le socle de votre bocal. Généralement, c'est lors de ces grands accomplissements que vous ressentez un maximum de joie et de bien-être. Rappelez-vous les émotions que vous ressentiez à ces moments-là et n'hésitez pas à les noter sur les Post-it !

Listez vos fiertés du quotidien

Ce sont les fiertés que vous avez tendance à occulter lorsque les pensées négatives prennent le dessus. Pourtant, ces petites victoires vous permettront d'augmenter de manière significative votre bien-être au quotidien, car elles sont beaucoup plus fréquentes que les grandes fiertés. Par exemple :

- Une recette préparée avec succès ;
- Une activité physique effectuée ;
- Un livre terminé ;
- Une réalisation de loisirs créatifs ;
- Une tâche ménagère réalisée ;
- Du jardinage ;
- Un dossier au travail rendu en temps et en heure ;
- Une présentation qui a eu du succès ;
- Du temps que vous avez pris pour prendre soin de vous ;
- L'achat de ce livre !

Chaque jour, piochez dans ce bocal pour relire l'une de vos fiertés

Consulter vos grandes et petites fiertés vous apportera un coup de boost. Je vous conseille de fermer les yeux quelques instants et de visualiser ces moments consignés sur les petits papiers. L'idée est que vous puissiez de nouveau ressentir les émotions qui vous ont traversée ce jour-là. Cela vous permettra également de ne pas oublier toutes ces fiertés que vous avez listées et de moins vous focaliser sur le négatif !

3

Bouger plus et mieux dormir

L'activité physique et un bon sommeil sont des piliers très importants de ma méthode. Pourquoi apparaissent-ils seulement à la fin de ce livre ? Tout simplement parce que, lors de mes consultations, je remarque que les personnes qui se concentrent d'abord sur l'IG bas minceur et la psychologie positive obtiennent de meilleurs résultats.

BOUGER PLUS

Idée reçue n° 10 : « L'activité physique fait mincir et permet de manger tout ce qu'on veut. »

Contrairement à ce qu'on peut penser, il n'est pas possible de mincir sur le long terme uniquement grâce au sport. Si votre alimentation est très sucrée, le sport intensif vous permettra de garder la ligne pendant un temps, mais au bout d'un moment il ne suffira plus (notamment lorsque vous prendrez de l'âge). Pour cette raison, ma méthode met en premier lieu l'accent sur l'alimentation IG bas minceur. Plusieurs femmes que j'ai accompagnées, même ménopausées, ont réussi à mincir en adaptant uniquement leur alimentation. Néanmoins, il reste important de bouger au quotidien. Les femmes qui mettent en place l'alimentation IG bas minceur en l'associant à une activité physique régulière obtiennent très rapidement des résultats.

Je fais une distinction entre bouger au quotidien et la pratique d'un sport. Dans un premier temps, si vous parvenez à adapter votre alimentation et à **être active tous les jours**, vous aurez de très bons résultats. Par la suite, vous aurez sans doute envie de trouver une **activité sportive qui vous plaira**. Il est souvent recommandé de pratiquer **30 minutes de sport par jour**. Bien sûr, c'est l'idéal et tant mieux si vous pouvez le faire. De nombreuses femmes que j'accompagne ne peuvent pas caser dans leur agenda cette demi-heure quotidienne. Peut-être est-ce aussi votre cas. Pour cette raison, je vous propose une **méthode réaliste : de 10 à 15 minutes d'activité tous les jours et, de temps en temps, une pratique sportive qui vous fait plaisir**.

Bouger au quotidien

Il est important de bouger au quotidien afin de faire circuler sa lymphe, dont le rôle est d'évacuer les déchets de l'organisme. En éliminant ces déchets, on stocke moins de graisses et on est en meilleure santé. De nombreuses activités du quotidien vous permettent de bouger davantage :

- Ranger et faire le ménage ;
- Prendre systématiquement les escaliers plutôt que l'ascenseur ;

- Jardiner et bricoler ;
- Promener son chien ;
- Aller au travail à vélo ou à pied ;
- Marcher quand vous êtes au téléphone au lieu de vous asseoir ou de vous allonger.

L'objectif est ici de **limiter au maximum la sédentarité** et le temps passé en position allongée ou assise pendant la journée. Choisissez **une seule activité** et pratiquez-la **10 à 15 minutes tous les jours**. Bien sûr, si vous avez plus de temps, n'hésitez pas à prolonger vos séances, qui doivent être quotidiennes. Elles remettront du mouvement dans votre vie.

Comme je vous l'ai déjà dit, je m'inspire beaucoup des principes de l'ayurvéda. Cette dernière préconise une **activité sportive modérée** afin de ne pas sursolliciter son corps et d'éviter les éventuelles blessures – trop d'activité physique est tout aussi nuisible que trop peu. Certaines femmes que j'accompagne se lancent de manière trop intensive dans le sport et se blessent. Elles sont ensuite contraintes d'arrêter pendant quelque temps, et il leur est alors très difficile de s'y remettre. Celles qui, au contraire, commencent doucement finissent par trouver leur rythme et tiennent sur la longueur.

Le tableau ci-dessous permet de bien comprendre la différence entre une activité sportive intense et une activité modérée.

Activité sportive intense	Activité sportive modérée
Transpiration très abondante (front, aisselles, dos et buste)	Transpiration modérée (front et aisselles)
Respiration par le nez difficile, parfois impossible	Respiration par le nez aisée
Grand essoufflement	Peu d'essoufflement
Besoin d'un jour pour récupérer entre les séances	Possibilité de pratiquer tous les jours
Rythme cardiaque très rapide (fréquence cardiaque maximale)	Rythme cardiaque seulement un peu accéléré (75 % de la fréquence cardiaque maximale)

Les **activités du quotidien** qui plaisent le plus aux femmes que j'accompagne sont les suivantes :

- ◊ **La marche :** accessible à toutes. C'est l'exercice que je conseille dans un premier temps, car il est très facile et parfait pour reprendre une activité physique quand on n'en a pas fait depuis plusieurs années. Voici des astuces pour marcher davantage :
  - Vous déplacer avec vos collègues lors de la pause déjeuner pour une marche digestive ;

- Vous arrêter à une station de métro ou de bus avant pour terminer le trajet à pied ;
- Vous garer un peu plus loin de votre point de rendez-vous ;
- Aller faire vos courses à pied ;
- Faire une marche avec un(e) ami(e).

La **marche digestive** est ma préférée : marcher entre 10 et 15 minutes après le déjeuner ou le dîner permet de mieux digérer et d'activer la circulation lymphatique.

◊ **Le vélo classique, le vélo d'appartement ou, pour les articulations sensibles, le vélo elliptique.** L'hiver, j'opte pour des activités d'intérieur. J'apprécie beaucoup le vélo d'appartement semi-allongé, car, confortablement installé, on peut lire ou encore téléphoner en pédalant : on ne voit pas le temps passer ! C'est une activité parfaite pour les femmes enceintes – j'en ai fait tout au long de ma grossesse. L'elliptique est aussi un appareil très complet qui vous permettra de travailler en douceur. L'avantage de ces appareils est qu'on peut les utiliser par tous les temps ! Le vélo classique est aussi excellent. De nombreuses femmes que j'accompagne le prennent pour aller au travail : c'est idéal !

◊ **Le trampoline ou la corde à sauter** (si vous n'avez pas trop de surpoids). Le gros avantage de ces deux activités est qu'elles sont très efficaces : 10 minutes par jour équivalent à 20 minutes de running. Parfait pour celles qui sont pressées ! Ces activités relevant du cardio-training, je vous recommande d'y aller progressivement et de consulter votre médecin avant de les pratiquer si vous avez un doute concernant votre condition physique.

Vous trouverez des **mini-trampolines** dans les magasins de sport ou de seconde main sur Internet. Cet appareil prend relativement peu de place, et certains modèles sont pliables. Il fera également le bonheur de vos enfants.

La **corde à sauter** est encore moins chère et ne prend pas de place du tout !

◊ **Le renforcement musculaire :** accessible à toutes. L'avantage de ces exercices est qu'ils peuvent être faits à la maison : vous n'aurez besoin que d'un tapis. Je vous propose un programme comprenant un exercice par jour. En une semaine, vous aurez ainsi musclé chaque partie de votre corps. Tous ces exercices ont été validés par Lætitia Roussel, ostéopathe DO et animatrice sportive. Choisissez deux chansons qui vous motivent pendant lesquelles vous ferez chaque exercice : vous effectuerez de cette façon vos 10 minutes quotidiennes.

CINQ IDÉES DE CHANSONS QUI BOOSTENT

- *Unstoppable* de Sia
- *Don't Stop Me Now* de Queen
- *Magic in the Air* de Magic System
- *I Gotta Feeling* de The Black Eyed Peas
- *Dancing Queen* d'ABBA

LUNDI
Abdominaux

MARDI
Gainage

MERCREDI
Fentes

JEUDI
Étirements pour le dos

VENDREDI
Squats

SAMEDI
Mouvements des bras avec des petites bouteilles d'eau de 50 cl

DIMANCHE
Fessiers

INSTAURER UNE HABITUDE RÉGULIÈRE

La régularité est la clé du succès ! Mieux vaut bouger peu mais tous les jours que beaucoup une fois de temps en temps. Si vous intégrez quelques exercices quotidiens à votre routine, c'est gagné ! Choisissez une seule activité au début et déterminez un moment de la journée pour la pratiquer.

À VOUS DE JOUER !

Quelle activité aimeriez-vous pratiquer tous les jours et à quel moment de la journée, à raison de 10 à 15 minutes ? Pour répondre à cette question, vous pouvez lister les activités que vous souhaitez pratiquer et ajouter à côté les moments où vous comptez les pratiquer.

Dans un premier temps, il s'agira de vous focaliser sur une seule activité. Bien sûr, si vous vous lassez, vous pourrez en changer.

À noter : l'activité physique le soir peut perturber le sommeil de certaines personnes. À vous de voir si c'est votre cas. Selon l'ayurvéda, il est préférable de suspendre l'activité sportive pendant ses menstruations, après un accouchement ou en cas de fortes inflammations.

Je vous propose ci-dessous des exemples d'activités ainsi que les moments de la journée auxquels vous pouvez les pratiquer. Entourez une activité et le moment de la journée qui vous semble le plus approprié pour la pratiquer.

Activité	Moment de la journée
Exercices d'étirement ○	○ Au lever
Marche ○	○ Dans la matinée
Vélo classique ou vélo d'appartement ○	○ Après déjeuner
Vélo elliptique ○	○ En fin d'après-midi
Exercices de renforcement musculaire ○	○ Le soir
Corde à sauter ○	○ Avant de dormir
Trampoline ○	

Trouver une activité sportive plaisir

Une fois que vous aurez instauré l'habitude de bouger tous les jours, vous pourrez songer à choisir votre « activité sportive plaisir », car sans plaisir, pas de persévérance ! Bien souvent, les femmes que j'accompagne ont pratiqué une activité physique « plaisir » dans le passé, mais elles l'ont arrêtée après avoir pris du poids. Dès lors que leur projet minceur est enclenché et leur énergie retrouvée, elles apprécient beaucoup d'y revenir.

Voici quelques exemples issus de mes consultations :

- Aquagym, aquabike
- Zumba
- Yoga
- Pilates
- Tapis de marche, course
- Danse
- Tennis
- HIIT (entraînement fractionné à haute intensité)
- Natation
- Step

Pratiquer une activité sportive vous permettra de développer votre masse musculaire et ainsi d'améliorer votre **métabolisme de base**.

LE MÉTABOLISME DE BASE : QU'EST-CE QUE C'EST ?

Le métabolisme de base correspond à la dépense calorique minimale quotidienne nécessaire au maintien du corps en vie ; en d'autres termes, la quantité d'énergie dont l'organisme a besoin pour assurer ses fonctions vitales *via* les organes principaux (cœur, poumons, cerveau, reins, etc.) Cette dépense d'énergie sera plus importante si vous pratiquez régulièrement une activité physique : votre masse musculaire étant plus importante, votre corps brûlera plus de calories au repos pour fonctionner correctement.

SPORT, MÉTABOLISME ET POIDS : ENCLENCHEZ LE CERCLE VERTUEUX !

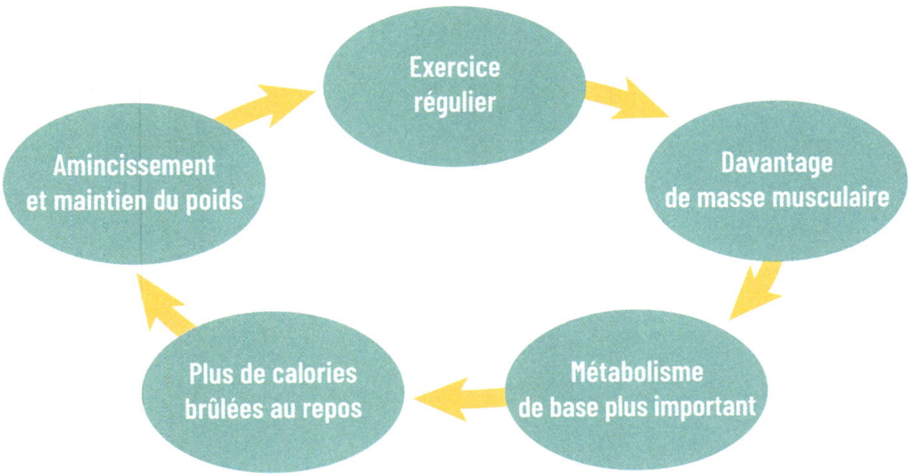

Zoom sur...
La « visio » et les vidéos YouTube

Certaines femmes que j'accompagne me confient ne pas oser franchir le seuil d'une salle de gym ou aller à la piscine **par peur du regard des autres**. Les cours de sport en visio et en direct vous permettront d'assister à votre séance à la maison. De nombreuses chaînes YouTube proposent également tous types de cours, du stretching au fitness en passant par le yoga ou le Pilates. La petite astuce pour vous motiver est d'assister au cours en ligne avec quelqu'un d'autre. Vous pouvez proposer à une ou plusieurs amies de vous rejoindre en « visio » : bonne ambiance assurée !

À VOUS DE JOUER !

Quelles sont les trois activités sportives qui vous plaisent le plus – ou qui vous ont le plus plu par le passé ?

1.

2.

3.

EN RÉSUMÉ :

- **Bouger 10 minutes par jour vous permettra de faire circuler votre lymphe et d'éliminer vos toxines.**
- **Une fois le mouvement réenclenché, vous pourrez choisir votre « activité sportive plaisir ».**
- **Pratiquer régulièrement une activité sportive développera votre masse musculaire et améliorera votre métabolisme de base, vous aidant à mincir et à stabiliser votre poids.**

RETROUVER UN SOMMEIL DE QUALITÉ

Un bon sommeil est primordial dans la réussite de votre projet minceur. Il permet à votre organisme de se régénérer, facilitant la perte de poids. **Les courtes nuits entraînent plusieurs effets** :

- Une plus grande envie de manger. Le sommeil favorise la production de leptine – une hormone qui régule l'appétit en agissant sur la satiété ;
- Des pulsions de sucré ;
- Plus d'angoisses et de pensées négatives : n'avez-vous pas remarqué qu'après une nuit écourtée vous voyez davantage le verre à moitié vide et vous focalisez bien plus sur le négatif ?

Gérer le stress au quotidien

Le stress est un phénomène physiologique qui nous permet de nous adapter à certaines situations déstabilisantes ou à diverses agressions. Quand il est permanent ou quand vos peurs sont fréquentes et récurrentes, il s'agit d'**anxiété** – la conséquence d'un stress chronique. Le stress peut être un moteur, vous faire avancer, alors que l'anxiété est paralysante. **Tout l'enjeu consiste à garder le positif du stress et à éviter que l'anxiété prenne le dessus.** Mon premier conseil est de prendre **soin de votre énergie tout au long de la journée** afin d'être plus sereine au moment du coucher. Vous constaterez que les journées agitées sont souvent suivies de nuits moins réparatrices. Ce qui peut enclencher un cercle vicieux…

SOMMEIL ET STRESS : ENCLENCHEZ LE CERCLE VERTUEUX !

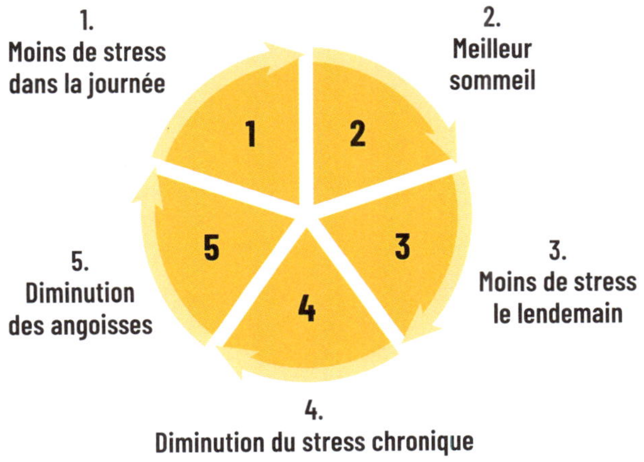

Comment diminuer votre stress ?

En adoptant l'alimentation IG bas minceur, vous réduirez naturellement votre stress. En effet, il existe un lien entre le stress et une alimentation trop riche en glucides. Voici quelques conseils intéressants à mettre en place en complément de l'alimentation :

- **Marquez des petites pauses régulièrement.** Avec le télétravail, les petites pauses entre collègues ne se font plus. Lors de mes consultations, beaucoup de femmes me confient qu'elles font des journées à rallonge sans quitter leur chaise. Que ce soit au travail ou à la maison, prendre le temps de faire une pause toutes les 90 minutes est essentiel pour relancer son énergie. Dans ma méthode, le dessert est décalé au goûter : l'occasion de faire une pause dans l'après-midi !
- **Respirez mieux.** Une bonne oxygénation du cerveau permet de diminuer le stress. Souvent, le stress a tendance à bloquer la respiration. Les trois exercices suivants ne vous prendront que 5 minutes.

EXERCICE 1

Placez-vous tête en bas et prenez cinq inspirations et expirations.

EXERCICE 2

La **cohérence cardiaque**, facile à réaliser, apporte un apaisement et une détente profonds. Le concept est très simple : il s'agit d'augmenter l'amplitude de votre respiration. Si vous débutez, je vous conseille de le faire en vous aidant d'une vidéo YouTube ; vous aurez simplement à suivre une petite bille à l'écran en inspirant quand elle monte et en expirant quand elle descend.

EXERCICE 3

Le **pranayama** (qui signifie « maîtrise du souffle ») est une discipline issue du yoga. Faites l'exercice suivant cinq fois.

1.
Positionnez le majeur de votre main droite entre vos yeux. Avec votre annulaire, bouchez la narine gauche et inspirez par la narine droite.

2.
Avec votre pouce, bouchez la narine droite et expirez par la narine gauche.

3.
Gardez la narine droite bouchée et inspirez par la narine gauche.

4.
Bouchez la narine gauche et expirez par la narine droite.

◊ **Recherchez la douceur.** En apportant dans votre quotidien plus de douceur, vous parviendrez à diminuer votre stress. Votre organisme sécrétera davantage d'ocytocines, aussi appelées « hormones du bonheur ». Souvent, les femmes que j'accompagne me disent qu'elles mangent du sucre parce qu'elles ont besoin de réconfort. Il est aussi fréquent d'employer le mot « douceurs » pour parler des aliments sucrés. Mais on peut trouver de la douceur ailleurs que dans la nourriture pour un effet plus bénéfique que celui du sucre !

Méditer

Jouer ou écouter
de la musique douce

De la douceur dans votre quotidien

Câliner vos enfants
ou votre partenaire

Yoga, stretching
ou autre activité physique douce

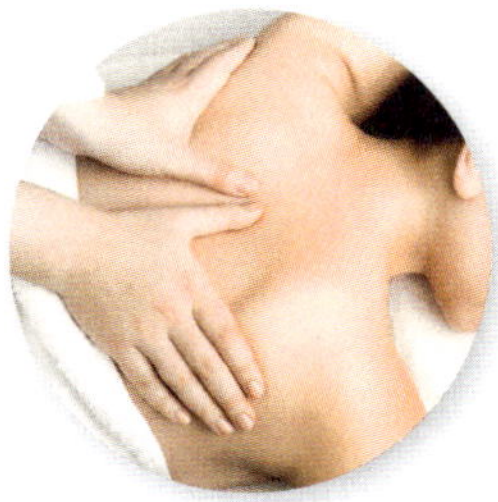

Vous faire masser
ou vous automasser

Caresser votre animal
de compagnie

- ◊ **Relativisez.** Parfois, vous tournez en boucle dans votre tête quelque chose qui vous stresse mais qui n'aura pas lieu. Par exemple, vous imaginez que votre train sera annulé à cause d'une grève et que vous allez mettre trois heures à rentrer de votre travail le soir. Or vous n'avez aucune maîtrise sur de tels événements. Posez-vous la question « Ai-je le pouvoir d'influer sur ce qui me stresse ? », qui vous permettra de faire le tri et de relativiser. J'aime beaucoup cette illustration qui résume bien mon propos :

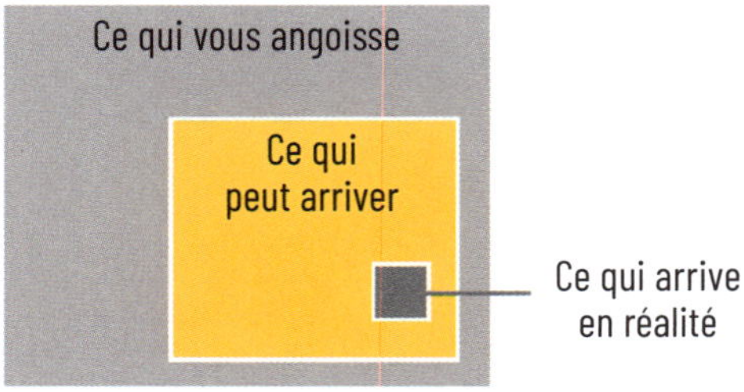

En prenant conscience de vos peurs pour vous en débarrasser, vous pourrez réduire votre stress ou en tout cas éviter de l'augmenter.

À VOUS DE JOUER !

Bien souvent, vous avez tendance à ressasser vos peurs, ce qui bloque votre perte de poids. Je vous conseille de vous débarrasser de ces pensées de manière symbolique en les écrivant sur un papier que vous brûlerez ou déchirerez. Je vous recommande également de faire l'exercice de visualisation suivant, qui pourra vous aider à évacuer vos peurs :

1. Choisissez une musique apaisante.
2. Fermez les yeux.
3. Imaginez-vous en train d'écrire sur un petit carton ces émotions ou événements négatifs que vous ressassez.
4. En imagination, collez ce carton sur un ballon de baudruche gonflé à l'hélium.
5. Visualisez de manière très précise l'endroit où vous vous trouvez : par exemple, sur une plage où vous entendez le brut des vagues, sentez le soleil sur votre peau, où il fait chaud... Plus le lieu est précis, plus l'exercice sera efficace !
6. Voyez-vous enfin en train de lâcher ce ballon tout en prenant trois grandes inspirations et expirations.
7. Imaginez-vous le regarder s'envoler et ressentez l'apaisement que cela vous procure !

Éviter d'en rajouter

VOUS PRÉSERVER

Covid, guerre... Les actualités sont parfois source d'anxiété. Si vous avez tendance à **ressasser les images** vues aux informations ou dans certains documentaires, détachez-vous petit à petit et essayez de **moins les regarder**. Les chaînes d'information en continu sont particulièrement anxiogènes, ce qui peut générer beaucoup de stress chez les personnes sensibles. Certains **films, séries** ou encore **livres** peuvent aussi, si vous avez une âme sensible, augmenter votre stress. En privilégiant des lectures et des films positifs, vous serez beaucoup plus sereine. Une série angoissante ou qui tient en haleine, regardée le soir avant de dormir, affectera la qualité de votre sommeil.

Certaines **discussions autour des sujets anxiogènes** peuvent aussi générer du stress. De même, si vous passez votre temps à critiquer ou à parler de malheurs ou de catastrophes, votre énergie s'en imprégnera. Au contraire, si vos conversations sont majoritairement orientées vers des sujets positifs, des projets ou des réussites, vous vous sentirez bien mieux.

Je vous invite à prendre conscience des sujets qui reviennent souvent dans vos discussions en les entourant ci-dessous. Vous pourrez ensuite essayer d'orienter vos conversations vers des thèmes plus positifs.

Conversations négatives	Conversations positives
Peur de l'avenir	Les réussites, les petits bonheurs
Maladie et décès	Les choses qui vous font rire
Actualités, films, séries ou livres dramatiques	Les sujets qui vous passionnent
Parler des malheurs des gens en imaginant qu'il pourrait vous arriver la même chose	Les événements passés qui vous ont apporté du bonheur
Vous plaindre	Vos projets
Autre : ...	Autre : ...

Parmi les personnes que vous fréquentez, certaines ont peut-être tendance à ressasser systématiquement le négatif, à critiquer, à vous dévaloriser, à se plaindre. Tels des vampires, elles pompent toute votre énergie ! D'autres vous demandent votre avis ou des conseils, mais ne les suivent jamais. À quoi bon vous épuiser à vouloir les aider ? Il est bien sûr important que vous soyez présente pour vos proches qui traversent de mauvaises passes... Mais si vous vous rendez compte que la relation ne vous apporte que du négatif, peut-être est-il préférable de **prendre vos distances** afin de protéger votre énergie, d'autant plus dans les périodes où vous vous sentez plus fatiguée.

> *« Tenez-vous loin des gens négatifs, ils ont un problème pour chaque solution ! »*
>
> Albert Einstein

Zoom sur… Le magnésium

Le magnésium intervient dans le fonctionnement du système nerveux. Il favorise également un meilleur sommeil et apaise le mental. Les besoins en magnésium augmentent avec notre mode de vie, qui est toujours plus stressant et trépidant. Comme le stress chronique épuise rapidement notre réserve de magnésium, nous sommes presque tous carencés. Si vous sentez le stress monter, n'hésitez pas à faire une cure !

ALLÉGER VOTRE CHARGE MENTALE

Voici trois conseils :

1. **Listez vos priorités.** Ainsi, elles seront plus claires dans votre esprit. Tout ce qui n'en fait pas partie ne doit pas vous prendre de votre temps précieux. Le tableau de visualisation (voir p. 132) vous sera ici très utile.

2. **Gardez du temps pour vous.** Au minimum une heure chaque semaine (le rendez-vous avec soi-même ; voir p. 138) et quelques minutes chaque jour (par exemple, écouter une musique douce avant de dormir) pour relâcher la pression et éviter d'exploser un jour ou l'autre.

3. **Simplifiez-vous le quotidien.** Une fois par semaine, établissez un planning global comprenant le menu des repas, les choses importantes à faire (tâches ménagères, administratif, courses, rendez-vous divers, moments pour vous…), votre activité physique…

EXEMPLE DE PLANNING GLOBAL

	Lundi	Mardi	Mercredi	Jeudi	Vendredi	Samedi	Dimanche
Déjeuner	Pavé de saumon, fondue de poireaux et guacamole	Poulet au lait de coco et à la citronnelle	Choucroute de la mer	Rôti de veau, purée de patates douces et haricots verts	Escalope de dinde et légumes d'été	Parmentier de canard revisité	Courgette farcie à la bolognaise
Goûter	1 poignée d'amandes*, 2 carrés de chocolat noir, 1 poignée de myrtilles	1 skyr, 1 poignée de noix de macadamia*, 2 carrés de chocolat noir	Mugcake aux pépites de chocolat	1 skyr, 1 poignée de noix de cajou*, 2 carrés de chocolat noir	1 poignée d'amandes*, 2 carrés de chocolat noir, 1 poire	1 poignée de noisettes*, 2 carrés de chocolat noir, 1 kiwi	Délice de crème au chocolat
Dîner	Galette avocat, bresaola et roquette	Terrine à l'italienne	Pizza minceur	Salade de saumon et de cœurs de palmiers, crème d'artichaut	Quiche-galette saumon-épinard	Spaghettis de riz complet à la bolognaise et salade verte	Avocado toasts au saumon fumé et roquette
Activité physique	15 minutes de marche	15 minutes de marche	15 minutes de marche + zumba	15 minutes de marche	15 minutes de marche	15 minutes de marche	15 minutes de marche
À faire aujourd'hui	Administratif	RDV chez le coiffeur	Tâches ménagères	Soirée cocooning	Faire le planning des menus	Courses	*Batch cooking*

** Non grillées et non salées*

Un dîner bien composé

La composition de l'assiette du soir que je préconise est excellente pour privilégier un bon sommeil :

- Des **féculents à IG bas** qui favorisent le sommeil, car ils permettent aux cellules de mieux assimiler le tryptophane (voir p. 55) – un acide aminé précurseur de la mélatonine (« hormone du sommeil »).
- Des protéines, **viande maigre et poisson**, aussi riches en tryptophane.
- Des **légumes**, bien sûr.

À l'inverse, certains aliments peuvent perturber votre sommeil : café, thé, alcool, chocolat, viande rouge et charcuterie, fromage, plats épicés. Comme chaque organisme réagit différemment, faites des essais. Après le dîner, boire une tisane favorisera votre sommeil. Je vous recommande la camomille et le rooibos. Il existe aussi des mélanges de plantes très efficaces et délicieux dans des tisanes type « Nuit douce ».

Avoir une routine du soir

La routine du soir aide beaucoup les personnes ayant des problèmes d'endormissement. Elle permet de se mettre dans des conditions idéales pour bien dormir. Ma routine, qui me prend 30 minutes environ, est la suivante :

- Démaquillage et de temps en temps brossage du corps à sec (voir ci-dessous) ;
- 10 minutes d'étirements ou de yoga avec une musique douce ;
- Automassage des pieds et des mains en pensant aux choses positives de ma journée ;
- Pulvérisation d'une brume d'oreiller (lavande, fleur d'oranger).

Voici d'autres idées qui sont également efficaces : séance d'hypnose ou de sophrologie en ligne, lecture, écriture.

Se coucher tous les soirs à la même heure aide également à l'endormissement. L'idéal est de vous mettre au lit avant 23 heures, car les heures de sommeil avant minuit sont plus réparatrices. N'hésitez pas à mettre un rappel sur votre téléphone vers 22 h 30 pour prendre le rythme.

Zoom sur...
Le brossage à sec

Préconisé par l'ayurvéda, le brossage du corps à sec est très efficace pour faire circuler la lymphe. Ainsi, vous éliminerez mieux vos toxines ! Le brossage s'effectue du bas vers le haut du corps et des extrémités vers l'intérieur (voir schéma ci-dessous) ; le but étant de rediriger la lymphe vers les ganglions lymphatiques. Utilisez une grande brosse spécifique (voir photo), de préférence en fibres naturelles et munie d'un manche long (pratique pour accéder au dos). Le brossage à sec est excellent pour favoriser l'endormissement.

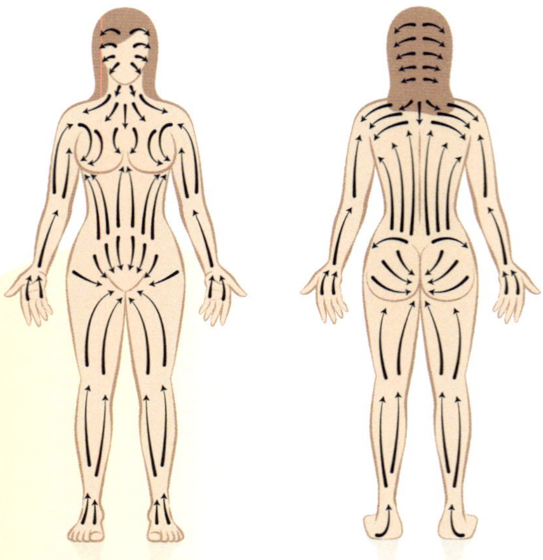

Les bienfaits de la microsieste

Certaines personnes dorment peu la nuit pour plusieurs raisons : difficultés à s'endormir, réveils nocturnes ou lever matinal pour aller travailler. Dans ces cas, la microsieste est une très bonne option.

Cette sieste, qui ne dure pas plus de 20 minutes, a de multiples bienfaits : réduction du stress, amélioration de l'humeur, renforcement du système immunitaire. Tous ces facteurs sont bénéfiques à votre projet minceur. Si vous ne pouvez pas faire de microsiestes en semaine, essayez de vous accorder ce temps pour vous le week-end.

EN RÉSUMÉ :

- **Votre nuit dépend grandement de la journée que vous avez passée : en régulant votre stress, vous parviendrez à mieux dormir.**
- **Votre dîner influence beaucoup votre sommeil.**
- **La routine du soir permet de vous mettre dans de bonnes conditions pour la nuit.**
- **Les microsiestes sont très efficaces et permettent de rattraper un peu de sommeil.**

4

Passer à l'action et ne rien lâcher

ÊTRE CONVAINCUE D'Y ARRIVER

Le cerveau ne fait pas la différence entre nos pensées et la réalité. Avoir une conviction forte est donc, selon moi, la clé de la réussite. Pour vous aider, je vous propose plusieurs outils et exercices. Ils sont valables pour votre projet minceur et pour tout autre projet que vous souhaitez mener à bien.

La liste de vos accomplissements

Lister vos accomplissements passés, même s'ils n'ont rien à voir avec le projet minceur, vous permettra de comprendre que vous avez au fond de vous la détermination nécessaire. **Si vous avez réussi dans d'autres domaines, il n'y a pas de raison que vous ne réussissiez pas votre projet minceur !**

Exemples d'accomplissements :

- Examens passés avec succès (permis de conduire, études, formation...)
- Réussir sa reconversion professionnelle
- Obtenir un poste convoité ou une augmentation de salaire
- Surmonter un challenge professionnel
- Arrêt de la cigarette
- Avoir un enfant après de nombreux essais
- Relever un challenge sportif
- Achat ou location de la maison ou de l'appartement de vos rêves
- Avoir rencontré l'homme de votre vie ou sauvé votre couple

À VOUS DE JOUER !

Listez vos trois accomplissements majeurs :

1.
2.
3.

Zoom sur... Votre success-story

Dans son livre *La Fierté d'être soi* (Éditions Leduc S., 2017), Guy Missoum explique comment prendre conscience de son potentiel et construire sa success-story. Il s'agit de s'appuyer sur sa meilleure réussite personnelle ou professionnelle pour révéler ses forces et ainsi gagner en confiance en soi. J'observe très souvent que les femmes qui parviennent à leur objectif minceur ont davantage confiance en elles : elles ont ainsi pu construire une autre success-story personnelle !

5 raisons de vous convaincre (encore plus)

1 En mettant en place cette méthode, vous avez décidé de **prendre soin de votre santé émotionnelle**. C'est une approche très novatrice de la minceur qui fonctionne, puisque les « problèmes » sont résolus à leur source.

2 Vous adopterez désormais une **alimentation plaisir et santé** pour le restant de votre vie.

3 Vous démarrerez ou poursuivrez un chemin de développement personnel, et **verrez la vie de manière beaucoup plus positive**.

4 Vous serez moins focalisée sur la nourriture, car **votre nourriture sera aussi intellectuelle et émotionnelle** – relations sociales épanouissantes, activités qui vous font du bien, projets...

5 **Vous vous accorderez du temps et savourerez chaque petite victoire** sans vous mettre la pression.

VOUS MOTIVER À PLUSIEURS

Se motiver à plusieurs aide à se lancer : l'émulation collective est très puissante. Vous pouvez, par exemple, rejoindre des groupes Facebook de partage de recettes ou de soutien, ou vous motiver en famille ou entre amies. L'une des femmes que j'ai accompagnées a créé un groupe WhatsApp avec ses belles-sœurs sur lequel elles échangent leurs recettes et astuces : c'est une très bonne idée !

Les affirmations positives

Les affirmations positives, ou **mantras**, sont très efficaces pour se motiver au quotidien. L'idée est très simple : il s'agit de répéter votre mantra cinq fois à voix haute tous les matins. Je vous propose de choisir l'un de trois mantras suivants, de le recopier et de le coller à un endroit que vous verrez tous les jours (miroir de la salle de bains, réfrigérateur, sous la coque transparente de votre téléphone, sur votre bureau ou votre table de nuit...).

Je ne lâche rien !

Je suis à la barre du bateau !

J'avance en toute confiance !

Une étude en psychologie positive a démontré que des personnes qui se répétaient l'affirmation positive « "Je suis capable de faire et de maintenir des choix d'aliments sains" ont réussi à améliorer leur humeur et à reprendre le contrôle de leurs habitudes alimentaires[9] ».

La visualisation

> *« C'est à l'âge de 10 ans que j'ai gagné Wimbledon pour la première fois… dans ma tête ! »*
>
> André Agassi

Une fois que vous aurez créé votre tableau de visualisation (voir p. 132), **vous représenter la réussite de vos projets augmentera les chances de les mener à bien**. Souvent, les personnes n'enclenchent pas leurs projets parce qu'elles ont tendance à se focaliser sur les obstacles qu'il leur faudra surmonter. En faisant l'inverse – imaginer qu'il s'est concrétisé –, le projet se réalisera effectivement avec succès.

Le plus important dans la visualisation est de **ressentir les émotions** qui vous traverseront lorsque vos intentions se matérialiseront, **comme si c'était déjà fait**. Je propose souvent aux femmes que j'accompagne de **visualiser de manière très précise en prenant en compte leur nouvelle silhouette**. Pour ce faire, il est important de :

- Définir un cadre – choisissez un paysage que vous aimez : au bord de la mer, dans un lieu que vous aimez, dans la nature, etc. ;
- Imaginer le temps qu'il fera ce jour-là et les sons que vous entendrez ;
- Imaginer également en détail la tenue que vous porterez, sa couleur, sa matière… et la sensation, voire les émotions que vous aurez en la portant.

Vous pouvez utiliser cette technique pour tous les projets que vous aurez épinglés sur votre tableau de visualisation. Elle est très puissante et fonctionne vraiment !

> **Grâce à ces visualisations positives, vous créerez votre réalité !**

EN RÉSUMÉ :

- **Lister vos accomplissements vous permet de prendre conscience que vous êtes capable de réussir ce projet minceur.**
- **Grâce à cette méthode novatrice, qui vous aide dans la gestion de vos émotions, vous agissez sur les déclencheurs de la nourriture émotionnelle.**
- **Les mantras sont un très bon moyen de vous autoconvaincre.**
- **La visualisation positive vous aidera à créer votre réalité à partir de vos intentions.**

COMMENCER AUJOURD'HUI

> *« N'attendez pas. Le moment ne sera jamais idéal. »*
>
> Napoleon Hill

Désormais, vous avez toutes les clés en main. Il ne tient qu'à vous de concrétiser vos rêves et vos envies ! Dès aujourd'hui, vous pouvez commencer à mettre les choses en place. Si vous attendez, vous trouverez de plus en plus de bonnes excuses de ne pas le faire. Vous risquez aussi d'oublier ce que vous venez de lire. Voici quelques conseils pour commencer sans plus tarder.

1. Posez ce livre.
2. Enfilez des vêtements bien ajustés à votre corps.
3. Prenez-vous en photo devant un miroir (ou demandez à quelqu'un de vous prendre en photo). Cette photo sera la partie « avant » de votre photo avant/après.

Ne procrastinez pas : lancez-vous dès maintenant !

Ne rien lâcher

« Chaque difficulté rencontrée doit être l'occasion d'un nouveau progrès. »

Pierre de Coubertin

Pour ne rien lâcher, il vous faudra **réenclencher votre motivation TOUS LES JOURS** ! Au fur et à mesure, votre motivation peut s'étioler. Je vous partage ici des conseils très simples qui vous permettront de l'entretenir.

L'importance des petits pas

Que ce soit en accompagnement personnalisé ou au sein d'un programme de groupe, je propose toujours de définir **un défi par semaine**. C'est un excellent moyen de se focaliser sur quelque chose de réalisable. Quelle satisfaction quand, à la fin de la semaine, vous l'aurez accompli ! Souvent, lorsque vous vous lancez dans un projet minceur, l'objectif paraît impossible à atteindre, mais, **si vous observez chaque petit pas effectué et que vous vous en félicitez, alors vous garderez votre motivation intacte**.

Voici quelques exemples de défis de la semaine : marcher un quart d'heure tous les jours ; répéter tous les matins le mantra « Je ne lâche rien » ; prendre un petit déjeuner salé tous les jours ; boire l'équivalent d'une gourde d'infusion de gingembre tous les jours ; tenir ses horaires de travail ; prendre un rendez-vous avec soi-même.

Le défi du paquet de biscuits

Ce défi est celui d'une jeune femme que j'ai accompagnée. Elle est venue me consulter principalement pour se débarrasser de ses compulsions alimentaires. Elle souhaitait perdre 30 kg. Au bout d'un mois, elle m'a annoncé qu'elle avait déjà perdu 4,5 kg et qu'elle n'a connu qu'une seule compulsion. Tout cela grâce à la psychologie positive qu'elle a totalement et très vite adoptée ! Elle m'a partagé son « défi du paquet de biscuits » qu'elle a réussi. Elle l'a décrit dans le message ci-contre. Si elle l'a réussi, vous pouvez le faire aussi !

Quand j'achetais un paquet de biscuits, c'était pour le manger en une seule fois. Donc, impossible d'en acheter parce que, dans ma tête, il était obligatoire de le manger d'un coup. Impossible d'en garder pour plus tard.

Puis, et c'est là que c'est tout bête, j'ai arrêté de penser qu'il était inconcevable d'acheter un paquet de biscuits sans le dévorer. Cela fait tellement longtemps que je n'ai pas rangé un paquet dans le placard. Alors, pourquoi ne pas faire un test ? J'ai donc acheté des biscuits (et des bons, hein !) en me disant qu'au lieu de tous les manger, j'allais en prendre un et mettre le reste de côté.

Et… ça a marché ! Bon, certains jours, j'ai mangé deux ou trois biscuits, j'avoue, ah, ah, ah ! Mais j'ai changé l'impossible en possible parce que, en réalité, je suis la seule à déterminer que c'est possible ou impossible. Et j'ai déterminé que c'était possible. ^^

CONNAISSEZ-VOUS LA NOTION DE L'EFFET CUMULÉ ?

L'effet cumulé est une théorie que j'aime beaucoup. Dans son ouvrage *L'Effet cumulé* (Éditions Diateino, 2020), Darren Hardy en explique le principe en détail. Voici ce qui me semble le plus important à retenir :

Modification de petites habitudes + constance dans le temps

= Bénéfices sur le long terme

Si l'on prend l'exemple d'une personne ayant décidé de fumer une cigarette (0,45 centimes) de moins par jour, elle économisera 164 euros en un an, soit 1 640 euros en dix ans. De quoi se payer un beau voyage ! L'exemple de la cigarette est très parlant, car on peut le convertir en argent économisé, ce qui est très concret.

Pour la minceur, c'est moins tangible, mais l'effet sera similaire. Il s'agira ici de kilos perdus et de bénéfices sur le bien-être et la santé. **Voici quelques exemples de petites habitudes que vous pouvez modifier ou supprimer :**

- ne plus sucrer vos boissons chaudes ni grignoter dans la matinée ;
- ne plus boire de sodas (voir « Quelles boissons ? » p. 45) ;
- ajouter des légumes à chaque repas ;
- consommer des féculents à IG bas ;
- remplacer les produits à base de lait de vache par ceux à base de laits végétaux ;
- remplacer la pomme de terre par la patate douce ;
- passer au chocolat noir.

En modifiant ne serait-ce que l'une de ces habitudes, vous observerez des bénéfices sur le long terme. Une fois que ce sera fait, c'est presque gagné, car vous ferez les choses sans même y penser. Attention cependant : si, à l'inverse, vous (re)prenez une mauvaise habitude, il vous faudra réagir vite pour la corriger.

Les bilans du positif

Je reçois beaucoup de femmes qui ont eu un parcours minceur long et sinueux. Elles sont souvent découragées par tous les régimes qu'elles ont essayés et qui n'ont pas fonctionné. Je les invite alors à faire un « bilan du positif » de leur parcours minceur.

Dans chaque expérience minceur, il y a du bon à garder, mais bien souvent vous l'oubliez, car vous prenez uniquement en compte le résultat. Il est donc important de prendre le temps de revenir sur ces expériences pour retenir le positif de chacune d'elles. Par exemple : un exercice physique qui vous avait plu, des recettes ou des aliments que vous aimiez, ce qui vous avait motivé, le bien-être que ces nouvelles habitudes vous avaient apporté (plus d'énergie, moins de maux de ventre, moins d'inflammation, etc.).

À VOUS DE JOUER !

Je vous invite à faire le bilan du positif de vos expériences minceur passées.

	Mes résultats	Ce que j'avais mis en place et qui me convenait	Les aliments ou activités physiques que j'avais découverts et appréciés	Ce qui ne m'avait pas convenu	Pourquoi j'ai abandonné
Expérience minceur n° 1					
Expérience minceur n° 2					
Expérience minceur n° 3					

Ce bilan du positif vous permettra de **voir votre parcours sous un autre jour**. Vous prendrez probablement conscience que vous avez déjà beaucoup appris et que ces expériences vous serviront dans la mise en place de ma méthode. Il sera important de **faire des bilans du positif de manière régulière** tout au long de votre parcours avec ma méthode pour vous rendre compte des petits pas accomplis et garder ainsi votre motivation. Voici ce que je vous propose :

- Bilan quotidien avec les trois choses positives de votre journée ;
- Bilan hebdomadaire, mensuel ou trimestriel – à vous de décider, puis inscrivez-les dans votre agenda ;
- Bilan annuel.

Lors de ces bilans, vous regarderez les domaines dans lesquels vous avez fait des progrès et ce qu'il vous reste à faire. Vous pouvez aussi modifier des items de votre tableau de visualisation en fonction de l'évolution de votre vie. Quels paramètres faut-il considérer en ce qui concerne le projet minceur ?

- Votre poids, vos centimètres perdus, comment vous vous sentez dans vos vêtements ;

- Tous les autres bienfaits : transit, énergie, qualité des cheveux et des ongles, humeur, etc.

Prendre une photo avant/après, que vous mettrez à jour au fur et à mesure de l'avancée de votre projet minceur, vous aidera à visualiser le chemin parcouru.

Zoom sur... **L'importance des récompenses**

À chaque petite étape, je vous conseille de vous offrir une récompense. Choisissez quelque chose que vous verrez tous les jours, comme un bracelet ou un objet de décoration : ce présent vous rappellera votre succès et activera le « circuit de la récompense » dans votre cerveau. Votre corps libérera alors de la dopamine – l'une des hormones du bien-être qui favorise la motivation. Vous aurez ainsi envie de réussir un autre défi pour recevoir de nouveau une récompense.

Le saviez-vous ? C'est également la dopamine qui est libérée lorsque vous mangez du sucre et qui vous donne envie d'y revenir.

Savoir retrouver la motivation

Je ne serais pas honnête si je vous disais que toutes les femmes que j'ai accompagnées ont minci durablement, sans aucun retour en arrière. Je vous conseille d'ailleurs de fuir les méthodes qui vous promettent des réussites à coup sûr... Avec ma méthode, vous trouverez des **solutions pour vous remotiver**, comme après les fêtes (Noël, Pâques, etc.) – durant lesquelles vous aurez envie d'un peu plus de sucré que d'habitude –, un événement difficile ou une période de stress. Je vous rappelle que le sucre est assimilable à une drogue ! Mon conseil lors de ces périodes : **relire ce livre, notamment tout ce que vous aurez inscrit dans les rubriques « À vous de jouer ! ».**

Les parcours minceur les plus fréquents comportent des périodes où l'on consomme davantage de sucre. Il est alors important de réussir à revenir à votre routine. **Le point fort de ma méthode est que les femmes parviennent à se remotiver de plus en plus rapidement grâce à la psychologie positive.** Elles n'attendent plus d'avoir repris tous les kilos perdus, voire plus, pour le faire. Elles sont davantage connectées à leur corps. Quel plaisir pour moi lorsque je reçois des messages comme celui d'une adolescente que j'ai suivie pendant plus d'un an ! Désormais, même si elle reprend quelques kilos de temps en temps à cause du stress des études, elle parvient à se remotiver à chaque fois. Grâce à la psychologie positive, elle a gagné en confiance à plein de niveaux : elle ose beaucoup plus et se sent mieux dans son corps.

EN RÉSUMÉ :

- **Ce sont les petits pas, grâce à l'effet cumulé, qui vous permettront d'atteindre vos objectifs : ne les négligez pas !**
- **Les bilans du positif vous aideront à garder la motivation sur le long terme.**
- **Relire ce livre est un excellent moyen de vous remotiver si besoin.**

LES ÉTAPES SELON VOTRE PROFIL

Vous vous posez probablement cette question : « Par quoi je commence mon projet minceur ? » **La première chose, qui me paraît primordiale, est d'évaluer votre niveau d'énergie**. En effet, si celui-ci est faible et que vous commencez par suivre toutes mes recommandations d'un coup, vous vous épuiserez très vite et risquerez d'abandonner. Dans un tel cas, il vaut mieux prendre le temps de gagner en d'énergie pour enclencher ensuite votre projet beaucoup plus facilement.

J'ai reçu en consultation plusieurs femmes au bord du *burn out*. Après avoir pris soin d'elles, elles ont pu mettre en place un programme plus complet en vue d'atteindre leur objectif minceur. Si, en revanche, votre niveau d'énergie est élevé, vous pourrez dès le début instaurer davantage de changements.

Je vous propose à présent d'évaluer votre niveau d'énergie pour suivre un programme qui lui correspond.

À VOUS DE JOUER !

TEST : QUEL EST VOTRE NIVEAU D'ÉNERGIE ?

	A (souvent)	B (parfois)	C (jamais)
Je me sens stressée			
Je me sens fatiguée			
Je dors mal la nuit			
J'ai des angoisses			
Je me sens ballonnée			
J'ai des remontées acides			
J'ai des douleurs fréquentes			
Je n'ai plus le temps de voir mes amis			
Je me sens débordée			
Je manque de temps pour moi			
Je travaille énormément			

RÉSULTATS

- Une majorité de A : vous avez le profil « Koala »
- Une majorité de B : vous avez le profil « Chat »
- Une majorité de C : vous avez le profil « Papillon »

◊ PROFIL « KOALA » : JE ME REPOSE AVANT TOUT

Vous êtes fatiguée, peut-être même au bord de l'épuisement ou du *burn out*. Votre charge mentale est importante, vous dormez mal et très peu. Votre énergie est au plus bas et vous avez tendance à déprimer et à ressasser le négatif. Vous avez l'impression que votre cerveau est en ébullition permanente. Vous mangez vos émotions et compensez la fatigue par la nourriture, souvent sucrée. Vous êtes parfois sujette aux compulsions. Vous avez tendance à avoir des douleurs inflammatoires de manière chronique ainsi que des problèmes de digestion ou des remontées acides.

Ce n'est pas le moment de vous mettre une pression supplémentaire en élaborant un planning sportif très chargé ou encore en effectuant un changement radical d'alimentation : vous n'avez pas l'énergie requise. **Votre priorité est le repos. Désormais, vous allez prendre soin de vous.**

◊ PROFIL « CHAT » : JE MÉNAGE MES EFFORTS

Vous êtes fatiguée, mais avez tout de même un peu d'énergie. Vous sortez peut-être d'un *burn out* ou d'une dépression après lequel vous avez pris le temps de récupérer. Ou bien vous sentez tout simplement que vous êtes très stressée. Vous avez décidé de changer d'hygiène de vie pour mincir et gagner en énergie afin de ne pas glisser vers le *burn out*. Vous avez souvent des petits problèmes de santé ; rien de grave à ce stade, mais ils vous donnent envie de prendre soin de votre hygiène de vie et vous avez bien raison ! Ainsi, vous ne basculerez pas dans l'épuisement sur le long terme. **Vous ferez les choses à votre rythme, sans pression.**

◊ PROFIL « PAPILLON » : C'EST LE MOMENT DE PRENDRE VOTRE ENVOL !

Vous avez l'énergie pour accomplir un changement radical ! Elle est au top et votre charge mentale est plutôt faible. Vous êtes aussi prête dans votre tête à aller de l'avant et à changer de vie. **Vous réussirez à tout enclencher en même temps.**

Vous avez déjà l'habitude de prendre soin de vous et/ou avez peu de stress. Je vous conseille bien sûr de continuer dans cette voie. Vous souhaitez désormais suivre vos aspirations profondes. Pour l'instant, votre poids physique et émotionnel vous empêche de voler de vos propres ailes. Vous cheminerez progressivement vers plus d'autobienveillance, plus de confiance en vous, et vous oserez vous affirmer en vous libérant du regard des autres. Vous vous sentirez légère à tous les niveaux.

Lorsque vous mettrez en place ce programme, vos ailes se déploieront petit à petit. Vous deviendrez alors un papillon majestueux !

Pour avancer à votre rythme

Voici les différentes étapes du programme pas à pas conçu par type de profil.

Si vous êtes profil « Koala », vous gagnerez petit à petit en énergie pour passer ensuite au profil « Chat », puis au profil « Papillon ».

Si vous êtes profil « Chat », vous deviendrez « Papillon » dès que vous aurez commencé à appliquer ce programme.

Si vous êtes profil « Papillon », ce programme vous permettra de prendre votre envol en toute légèreté.

<table>
<tr><th></th><th>Profil « Koala »</th><th>Profil « Chat »</th><th>Profil « Papillon »</th></tr>
<tr><td rowspan="9">IG bas minceur</td><td colspan="3">1. Instaurer le petit déjeuner salé et protéiné.</td></tr>
<tr><td colspan="3">2. Introduire le goûter, votre pause plaisir de la journée.</td></tr>
<tr><td colspan="3">3. Modifier des petites habitudes qui paraissent anodines mais qui seront bénéfiques sur le long terme, afin d'enclencher l'effet cumulé (voir p. 173).
Par exemple :
• Limiter ou remplacer les boissons sucrées ;
• Réduire ou supprimer le sucre dans les boissons chaudes ;
• Ajouter à vos menus davantage de légumes ;
• Remplacer les féculents par des féculents à IG bas ;
• Remplacer les produits à base de lait de vache par des boissons végétales ou des produits à base de lait de chèvre ou de brebis.</td></tr>
<tr><td rowspan="4"></td><td colspan="2">4. Faire le ménage dans vos placards.</td></tr>
<tr><td colspan="2">5. Établir un planning global une fois par semaine (ou au moins un planning des menus). Voir p. 64 et 163.</td></tr>
<tr><td colspan="2">6. Se mettre au batch cooking.</td></tr>
<tr><td colspan="2">7. Choisir dans un premier temps une ou deux recettes IG bas minceur et les mettre souvent au planning. Bon à savoir : préparer une même recette régulièrement permet de se l'approprier ; il est ensuite plus facile de la refaire.</td></tr>
<tr><td rowspan="2"></td><td rowspan="2"></td><td>8. Cuisiner davantage IG bas minceur.</td></tr>
<tr><td>9. Chercher plus de recettes qui vous aideront à manger IG bas minceur avec plaisir.</td></tr>
</table>

<table>
<tr><th></th><th>Profil « Koala »</th><th>Profil « Chat »</th><th>Profil « Papillon »</th></tr>
<tr><td rowspan="6">Psychologie positive</td><td colspan="3">1. Choisir votre mantra et le mettre en évidence chez vous afin de le voir plusieurs fois par jour.</td></tr>
<tr><td colspan="3">2. Prendre un rendez-vous avec vous-même toutes les semaines pendant une heure pour faire quelque chose qui vous fait du bien. Lors du premier rendez-vous, dresser votre tableau de visualisation (voir p. 132).</td></tr>
<tr><td colspan="3">3. Remplir votre carnet du positif (voir p. 143). Les soirs où vous avez moins d'énergie, concentrez-vous sur les trois choses positives de votre journée ou celles pour lesquelles vous avez de la chance.</td></tr>
<tr><td rowspan="3"></td><td colspan="2">4. Lancez-vous un petit défi par semaine.</td></tr>
<tr><td colspan="2">5. Vous pouvez commencer à visualiser vos projets pour les enclencher dans votre tête.</td></tr>
<tr><td></td><td>6. Créer votre bocal des fiertés, qui vous aidera à rester motivée.</td></tr>
<tr><td rowspan="4">Bouger plus et mieux dormir</td><td colspan="3">1. Prendre soin de votre sommeil s'il n'est pas satisfaisant (voir p. 157) et faire des microsiestes, si besoin.</td></tr>
<tr><td colspan="3">2. Bouger au moins 10 minutes tous les jours (marche ou activité physique douce).</td></tr>
<tr><td rowspan="2"></td><td colspan="2">3. Tester plusieurs activités physiques afin de trouver votre « activité physique plaisir ».</td></tr>
<tr><td></td><td>4. Pratiquer de manière régulière votre « activité physique plaisir ».</td></tr>
</table>

Accordez-vous le temps nécessaire

« Même le dernier d'une course est devant celui qui ne court pas ! » Rapidité ne rime pas toujours avec durabilité… Par ailleurs, chaque personne a un métabolisme différent. Il est important de vous accorder du temps.

Au cours de votre projet minceur, vous connaîtrez des périodes pendant lesquelles vous perdrez davantage de poids, mais aussi vous retrouverez à des paliers synonymes de stagnation. C'est normal : votre corps s'adapte. De temps en temps, une période plus stressante ou émotionnellement plus compliquée bloquera la perte de poids. Dans ces moments-là, il sera important d'être très autobienveillante. Dites-vous que cette période passera : après la pluie, le beau temps revient toujours !

Des success-stories pour vous motiver

J'ai le grand plaisir de vous partager les *success stories* de femmes que j'ai accompagnées *via* mon programme de groupe IMPULSE ou individuellement. Certains prénoms ont été modifiés pour des questions de confidentialité. L'objectif de ces témoignages est de vous motiver, car si d'autres ont réussi, vous aussi vous le pouvez ! En vous identifiant à l'une de ces femmes ou à plusieurs d'entre elles, en regardant leurs photos avant/après, vous pouvez imaginer votre propre progression d'ici quelque temps.

N'hésitez pas à me suivre sur Instagram : je propose régulièrement des rencontres en live avec des femmes que j'accompagne et qui ont eu un parcours minceur inspirant.

LA RÉUSSITE DES AUTRES POUR VOUS INSPIRER

Vous identifier à une femme qui a réussi vous sera d'une grande aide. Ainsi, vous pourrez penser que, si quelqu'un qui vous ressemble l'a fait, vous ferez de même. Si vous avez déjà fait plusieurs essais, vous pourriez vous dire qu'il ne sert à rien d'essayer encore une fois. Au contraire, c'est tellement positif ! Vous avez énormément appris de toutes ces expériences, et surtout, si vous avez acheté ce livre, vous montrez que vous êtes tenace : **vous ne lâchez pas ! Vous pouvez vous en féliciter.** Celles qui ont réussi à stabiliser leur poids ont aussi souvent connu un parcours sinueux. Lire leur *success-story* vous aidera à avancer plus vite et vous placera dans une dynamique de réussite. Par souci de confidentialité, certains prénoms ont été modifiés.

Stéphanie, – 14 kg, guérie d'une stéatose hépatique

Stéphanie souhaitait perdre du poids avant tout pour sa santé. Trois ans avant de venir en consultation, elle a eu un rendez-vous avec un hépatologue, et le verdict est tombé : elle avait une stéatose hépatique, la maladie dite « du foie gras ». Pendant ces trois années, elle n'a pas réussi à enclencher son projet minceur. Puis, un jour, elle a eu un déclic.

Stéphanie est l'exemple de la théorie des petits pas, notamment en ce qui concerne l'alimentation. « Bec sucré », elle avait du mal à se détacher du sucre. Mais, peu à peu, elle s'est approprié quelques recettes : les galettes de sarrasin, qu'elle assaisonne de diverses manières, et le poulet coco, devenu son plat préféré. En parallèle de son changement d'alimentation, qui s'effectuait par petites touches, Stéphanie s'est mise à beaucoup marcher : 10 000 pas par jour ! Tous les jours. C'est devenu un vrai besoin, nous dit-elle dans le témoignage diffusé sur mon compte Instagram (disponible aussi sur mon site).

Doucement mais sûrement, Stéphanie aujourd'hui :

- a perdu 14 kg ;
- a fait disparaître complètement sa stéatose hépatique ;
- a modifié totalement son alimentation, qui est désormais IG bas presque en permanence ;
- a réussi à mieux gérer ses angoisses ;
- a lancé son compte Instagram dédié à la photographie, sa passion (@soa_goodmoment).

Anne-Sophie, – 32 kg, ne mange plus ses émotions et a changé de vie

Lorsque je l'ai rencontrée, Anne-Sophie était très souvent sujette aux compulsions alimentaires. Elle nourrissait beaucoup de rêves et une envie de changement dans sa vie, mais elle ne se les autorisait pas.

Très vite, elle s'est approprié la psychologie positive et le concept de la loi de l'attraction. Ayant une histoire personnelle très douloureuse, elle est parvenue à en faire une force. Cette force lui donne la volonté de se battre pour ne rien lâcher et concrétiser ses rêves. Et, petit à petit, ceux-ci se réalisent. Aujourd'hui, Anne-Sophie :

- a perdu 32 kg ;
- n'a presque plus de compulsions alimentaires ;
- porte des vêtements qui lui plaisent ;
- commence bientôt une formation pour changer de métier ;
- apprend à jouer du piano ;
- vient d'emménager dans une nouvelle maison ;
- a mis fin à une relation qui ne lui convenait plus et a trouvé un nouvel amour.

Laure, – 10 kg, un nouveau mode de vie adopté sur le long terme

Laure a plus de 50 ans. Bien que ménopausée, elle a réussi à perdre 10 kg très rapidement ! Quand elle a entamé ma méthode, elle y est allée à fond. Elle a adopté le carnet du positif, qui lui permet de faire un suivi très précis. Elle se pèse très souvent, ce qui la motive davantage pour suivre sa courbe en cas de variation à la hausse ou à la baisse. Elle introduit beaucoup plus de légumes dans son alimentation et en découvre certains, notamment la patate douce. Laure prend le temps de prendre un goûter, qui lui évite les fringales de fin de journée.

Depuis que nous avons terminé notre coaching, elle est ravie, car elle peut désormais jouer et courir avec ses petits-enfants. Plus récemment, elle a eu un accident et a dû rester immobilisée un long moment. J'ai été frappée de voir comme elle a réussi à garder sa motivation pour maintenir une bonne alimentation et, dès qu'elle l'a pu, pour reprendre une activité physique. Sa guérison a bien sûr été facilitée par cette bonne hygiène de vie qu'elle a adoptée définitivement.

Sans parler de son état d'esprit : Laure incarne la psychologie positive !

Isabelle, – 26 kg, terminés les régimes yo-yo à répétition

Isabelle a enchaîné les régimes et les effets yo-yo pendant vingt ans. Lors de son dernier régime, elle avait perdu 20 kg… et repris 25.

C'est la psychologie positive qui l'a transformée. Elle a réussi à prendre davantage soin d'elle, ne serait-ce qu'en s'accordant un peu plus de moments cocooning dans la salle de bains. Elle est parvenue également à positiver sa petite voix intérieure.

Le parcours d'Isabelle, c'est :

- 26 kg en moins et une stabilisation malgré des événements de la vie compliqués ;
- plus de temps passé avec ses amies ;
- davantage de temps de qualité avec sa famille ;
- plus de temps pour elle-même : séances de manucure, shopping, promenades, etc. ;
- moins de culpabilité ;
- une meilleure acceptation de son corps – elle se trouve « bien » (je reprends son mot) ;
- une attitude plus positive au quotidien. Elle utilise même la psychologie positive dans son métier de professeure des écoles – ses élèves de CP ont beaucoup de chance ;
- de belles sorties hors de sa zone de confort, comme la création d'un compte Instagram (@emotions_et_kilos).

« L'année 2021, grâce à ton coaching, m'a permis d'apprendre à me connaître et à avoir plus confiance en moi, à mieux m'accepter, à me pardonner moi-même et à pardonner aux autres, à lâcher prise, à prendre conscience de mon corps, à abandonner certaines idées négatives et à les reformuler en pensées positives, à me libérer des pensées indésirables qui me faisaient souffrir, à cultiver le détachement, à croire en moi pour forger mon estime de moi, à déterminer des objectifs de vie, à trouver des habitudes qui me soutiennent, à me fixer des jalons, à mettre en place des récompenses… J'ai déjà beaucoup appris et progressé en 2021 et je compte bien continuer et aller encore plus loin chaque année. »

Sandra, – 5 kg, réalise son rêve

Sandra est venue me consulter alors qu'elle était dans une période de transition professionnelle : elle avait donc un haut niveau d'énergie, car elle ne travaillait pas. Les résultats sont donc arrivés très vite. Nous avons eu notre première consultation mi-février. Début juin, donc en moins de quatre mois, elle avait atteint son objectif de perdre 5 kg. Elle a aussi concrétisé son rêve : acheter une résidence secondaire en Algarve, au Portugal. Deux beaux projets accomplis !

Cinthia, – 12 kg, a appris à prendre soin d'elle

« Bonjour Isabelle. Que du bonheur malgré le contexte au travail. J'ai fini tous les soirs à 18 h, comme prévu, et mercredi j'ai fait mieux (13 h 45) pour aller passer l'après-midi chez l'esthéticienne et pour faire du shopping.

J'ai coupé le téléphone pro hier soir à 18 h, jusqu'à lundi matin, 8 h. Sport cinq fois cette semaine.

Nouvelle année. Nouvelle vie. Nouvelle Cinthia.

J'espère juste pouvoir tenir sur la longueur. Bon week-end. Cinthia. »

Lorsque Cinthia, 55 ans, a débuté son coaching minceur et psychologie positive, elle était au bord du *burn out*. Sa prise d'un poste à responsabilités six mois plus tôt avait généré beaucoup de stress qu'elle compensait par des sucreries. Et c'est ainsi que l'engrenage s'était enclenché : 10 kg en plus, stress, mauvais sommeil, douleurs articulaires...

Le coaching lui a appris à consacrer plus de temps pour prendre soin d'elle. Elle tient désormais ses horaires de travail, alors que, depuis des mois, elle enchaînait les heures supplémentaires. Elle prend régulièrement rendez-vous chez l'esthéticienne. Tous les soirs, elle se consacre à sa petite routine : soins du visage et automassage des pieds et des mains. Elle se repose davantage et partage de bons moments en famille.

Tout ceci a duré trois mois. Trois mois pour reprendre de l'énergie. Ensuite, elle a commencé à modifier ses habitudes alimentaires : du jour au lendemain, elle a arrêté de consommer du Coca light – elle en buvait pourtant plus d'un litre par jour. Comment a-t-elle fait ? Elle a cessé d'en acheter, tout simplement ! Puis elle s'est remise au sport : une séance de 20 minutes, six jours sur sept. Cinthia s'est aussi totalement approprié la psychologie positive, qu'elle utilise pour ne plus manger ses émotions, mais aussi dans son travail de manager.

Depuis, Cinthia :

- a perdu 12 kg ;
- prend soin d'elle quotidiennement ;
- a un sommeil au top ;
- n'a plus de douleurs ;
- est beaucoup plus sereine au travail ;
- prend le temps de profiter de ses petits-enfants.

D'origine portugaise, Sandra avait une alimentation assez riche en pommes de terre et en féculents. Elle a tout de suite adopté le petit déjeuner salé et elle a peu à peu transformé son alimentation. Elle a utilisé le carnet du positif avec une grande assiduité. Tous les jours, elle le complétait, ce qui l'a beaucoup aidée.

Quelques mois après le début de notre coaching, lorsqu'elle est partie en vacances au Portugal, Sandra avait acquis les automatismes. Elle a su gérer son alimentation et elle a bougé tous les jours. Elle se faisait néanmoins plaisir en prenant quelques apéritifs sur la plage.

Résultat : seulement 700 g de plus sur la balance à son retour, qu'elle a pu perdre très facilement par la suite.

Nathalie, – 5 kg et une belle silhouette retrouvée, malgré la ménopause !

Maman et chef d'entreprise, Nathalie a toujours réussi à maintenir un poids stable, mais depuis la ménopause, perdre des kilos au niveau du ventre est devenu difficile. Elle rêvait de pouvoir porter de nouveau son short vert, une sorte de « vêtement test », et cette idée est devenue son défi.

J'ai accompagné Nathalie prioritairement sur l'amélioration de sa digestion. Elle a adopté l'alimentation sans gluten et pris davantage le temps de cuisiner. En parallèle, nous travaillions sur son stress, sa charge mentale et la nécessité de trouver du temps pour soi.

Désormais, Nathalie fait régulièrement de la marche. Ses projets définis dans le tableau de visualisation avancent à grands pas et les bienfaits de la psychologie positive s'étendent même sur sa fille adolescente.

De nouvelles opportunités professionnelles se dessinent, le cercle vertueux du positif est palpable et Nathalie rentre de nouveau dans son fameux short vert.

La force de Nathalie est sa détermination, un bel exemple pour les femmes qui pensent que conserver son poids d'origine et la ménopause sont incompatibles. Bravo Nathalie !

Claire, – 20 kg perdus avec plaisir !

Claire suivait des régimes depuis de nombreuses années. Elle a réalisé que ces régimes répétés ont bouleversé son organisme. Elle est venue me voir avec le souhait d'adopter une alimentation qu'elle pourrait garder à long terme et qui lui apporterait du plaisir. Mais elle voulait avant tout réussir à s'accepter et faire la paix avec le miroir.

Lorsqu'elle a rejoint le programme IMPULSE (programme de coaching collectif Isabelle Minceur), Claire était prête et elle a tout de suite eu le déclic. Elle s'est mise à cuisiner de nouvelles recettes, a fait des plannings des repas et adopté le *batch cooking* afin de ne pas craquer les soirs où elle rentrait fatiguée du travail. Très gourmande, elle a collecté des recettes IG bas afin de continuer à manger de bonnes pâtisseries.

Chloé, – 13 cm de tour de taille et plus de confiance dans l'avenir !

J'ai accompagné Chloé durant un an et demi. Elle avait alors 15 ans. Durant cette période, elle a perdu 13 cm de tour de taille.

Très vite, Chloé a suivi mes conseils en adaptant son petit déjeuner : les œufs le matin sont devenus une habitude qu'elle apprécie beaucoup. Elle a perdu rapidement ses premiers kilos et s'est sentie mieux. Au fil des mois, Chloé se transformait : non seulement elle a commencé à se débarrasser de ses kilos en trop, mais elle a également pris de plus en plus soin d'elle (cheveux, nouveaux vêtements…). Elle s'appropriait son nouveau corps et le mettait très bien en valeur.

Elle s'est également mise au sport au travers de séances quotidiennes en visio. Son corps a commencé à s'affiner et à se muscler, ce qui l'a motivée. Côté alimentation, elle a décidé de cuisiner de bonnes recettes pour elle et sa famille, s'est mise à manger beaucoup plus de légumes et s'est rendu compte qu'elle les appréciait. Elle se motivait aussi avec des amies qui souhaitent comme elle modifier leur hygiène de vie.

Dans un deuxième temps, nous avons réalisé le tableau de visualisation avec ses objectifs : le projet minceur bien sûr, mais aussi sa réussite scolaire, la définition de son orientation scolaire, l'apprentissage du piano et du chant. Car Chloé est une jeune fille pleine de talents ! Elle a terminé son année scolaire avec presque 16 de moyenne. À chaque consultation, elle me partageait ses petites victoires. Grâce à la psychologie positive, elle repartait boostée et motivée.

Au fil des mois, j'étais ravie de retrouver une Chloé de plus en plus confiante, rayonnante et mieux dans son corps. Quel gain de temps de travailler sur la confiance en soi à 15 ans… C'est un beau cadeau que lui ont fait ses parents en lui proposant de suivre ma méthode. Sa maman, qui est très présente, la soutient beaucoup dans son projet et nous échangeons régulièrement.

Elle a réalisé aussi son tableau de visualisation et a très vite adopté la psychologie positive. Elle se félicitait intérieurement dès qu'elle mettait en place de nouvelles choses en faveur de son projet minceur. Elle a réalisé ses projets de voyages et de travaux chez elle. Enfin, elle s'est mise au sport, plusieurs fois par semaine, s'est même inscrite à un coaching pour se motiver davantage et a téléchargé l'application Décathlon coach® pour s'aider à se remettre au running.

Les résultats sont arrivés très vite : en 10 mois, Claire a perdu 20 kg. Elle a fait preuve d'une ténacité incroyable : félicitations !

Conclusion

Vous venez de prendre connaissance de ma méthode et il est désormais temps de passer à la pratique ! Si, par hasard, vous n'étiez pas encore motivée à 100 %, je vous rappelle les bienfaits que vous ressentirez lorsque vous mettrez en place cette méthode :

- Dès les premiers jours **vous vous sentirez dégonflée** ;
- Au bout de deux semaines environ, vous aurez effectué votre **détox de sucre** et les envies de sucre se feront bien plus rares ;
- Vous aurez retrouvé de **l'énergie** et un **meilleur sommeil** ;
- Vous serez **plus positive** ;
- Vous prendrez davantage **soin de vous** ;
- Vous serez **plus autobienveillante** ;
- Vous aurez **envie d'activer de nouveaux projets**.

Cette méthode vous permettra de suivre ou de poursuivre votre **chemin de développement personnel**. La psychologie positive changera totalement votre manière de voir la vie et l'IG bas minceur transformera votre rapport à l'alimentation. Il y aura véritablement un « avant » et un « après », et pour rien au monde vous ne souhaiterez revenir en arrière !

Pour poursuivre dans votre belle lancée, je vous conseille quelques lectures qui m'ont beaucoup inspirée et qui sont très complémentaires de cet ouvrage :

- ***Je réussis ma détox sucre*** et ***Je réussis ma détox sucre 2*** (Éditions Larousse, 2021 et 2022) de Bérengère Philippon ainsi que ses bonnes recettes ! Son compte Instagram @0sucre_et_igbas est aussi une vraie mine d'or.
- ***Le Plaisir du sucre au risque du prédiabète*** (Éditions Odile Jacob, 2013), mon livre préféré du Dr Réginald Allouche, le grand spécialiste du foie et du diabète en France. Pour en apprendre davantage sur le sujet, n'hésitez pas à regarder ses interventions brillantes sur la chaîne YouTube de l'émission AVS (*À votre santé*) de la radio Beur FM.
- ***Découvrir la psychologie positive*** (Éditions InterÉditions, 2018) de Charles Martin-Krumm, très complet et passionnant ! Charles Martin-Krumm est selon moi la référence française en psychologie positive. Ses autres ouvrages, ***Traité de la psychologie positive*** et ***Le Grand manuel de la psychologie positive*** (ouvrages collectifs), sont tout aussi passionnants, mais destinés à des personnes qui voudraient approfondir le sujet.
- ***La Magie de voir grand*** (Éditions Un monde différent, 2015) de David J. Schwartz : pour vous booster davantage !

Vous pouvez vous féliciter d'avoir lu ce livre : une nouvelle vie s'offre à vous !

Et, bien sûr, n'hésitez pas à offrir cet ouvrage à une amie, une collègue, votre maman, votre sœur ou toute autre femme qui pourrait débuter son projet minceur en même temps que vous : ensemble, on est plus fortes !

Pour poursuivre dans votre belle lancée, je vous invite à me suivre sur les réseaux sociaux : Instagram ou Facebook ! Je publie des citations motivantes et je vous partage des recettes, des conseils et des témoignages.

N'hésitez pas à consulter mon site : www.isabelleminceur.com, sur lequel vous trouverez des idées de recettes par repas. Vous pourrez également souscrire à ma newsletter pour toujours plus de conseils inédits !

Notes bibliographiques

1. S.L. Peters *et al.*, Randomised clinical trial: gluten may cause depression in subjects with non-coeliac gluten sensitivity – an exploratory clinical study, Alimentary Pharmacology and Therapeutics, vol. 39, n° 10, mai 2014, p. 1104-1112.
2. P.-L. Sunhary de Verville, L. Boyer et G. Fond, « Chapitre 4 – Microbiote et bien-être psychique », dans *Grand Manuel de psychologie positive : fondements, théories et champs d'intervention* (dir. Charles Martin-Krumm et Cyril Tarquinio), Dunod, 2021, p. 99-112.
3. Sur le lien entre autobienveillance et baisse du cortisol : K. Neff, « Chapitre 9 – L'autocompassion : accueillir sa souffrance avec bienveillance et gentillesse », dans *Grand Manuel de psychologie positive : fondements, théories et champs d'intervention* (dir. Charles Martin-Krumm et Cyril Tarquinio), Dunod, 2021, p. 184-195.
4. Conférence TED de Robert Waldinger, l'un des directeurs de cette étude : « What makes a good life? Lessons from the longest study on happiness », 2016. (https://www.ted.com/talks/robert_waldinger_what_makes_a_good_life_lessons_from_the_longest_study_on_happiness)
5. Émotions ⇒ exercice, dans *Traité de psychologie positive : fondements théoriques et implications pratiques* (dir. Charles Martin-Krumm et Cyril Tarquinio), De Boeck, 2011, page 505.
6. Sur le lien entre gratitude et qualité du sommeil : *Traité de psychologie positive : fondements théoriques et implications pratiques* (dir. Charles Martin-Krumm et Cyril Tarquinio), De Boeck, 2011, page 523.
7. Sur le lien entre gratitude et accroissement du bien-être, *ibidem*.
8. Sur le lien entre gratitude et satisfaction perçue par rapport au corps, *ibidem*, page 524.
9. Émotions ⇒ alimentation, rôle des affirmations positives, *ibidem*, page 505.

Remerciements

Je remercie toutes les personnes que j'accompagne, celles qui me suivent sur Instagram et les réseaux sociaux : c'est grâce à vous que j'ai pu publier cet ouvrage, car je me suis énormément inspirée de nos échanges et de vos parcours minceur. Chaque rencontre est pour moi une vraie source de joie ! Chaque coaching et chaque programme de groupe est avant tout une belle aventure humaine. Je me sens très chanceuse d'avoir l'occasion de rencontrer tant de gens extraordinaires.

Merci à mon mari : pour son soutien indéfectible et son amour si bienveillant qui me portent dans tout ce que j'entreprends.

Merci aussi à mes parents pour tout, et en particulier à mon père pour m'avoir transmis sa ténacité et à ma mère qui m'a communiqué son grand sens de l'empathie.

Je pense aussi aux membres de ma famille et à mes amis : je me sens très chanceuse de vous avoir dans ma vie. Vous êtes tous, à votre manière, une source d'inspiration pour moi !

Merci aussi à ceux dont j'ai eu la chance de croiser le chemin, qui m'inspirent et me conseillent depuis le lancement d'« Isabelle Minceur » : Charles Martin-Krumm, qui me fait l'honneur de préfacer ce livre, Évelyne Chabrot et le Dr Réginald Allouche.

Merci au Dr Audebert et à mon amie Melinda, grâce auxquels j'ai eu le déclic pour me lancer dans l'aventure « Isabelle Minceur ».

Je pense aussi à mes grands-parents, ces quatre étoiles dans le ciel qui, j'en suis sûre, me guident depuis le début de cette belle aventure et dans mes choix de vie !

Je remercie chaleureusement mes amies qui ont relu cet ouvrage : Éléonore, Chloé et Anne-Laure, ainsi que Benoît pour ses conseils avisés.

Merci à mon amie Bérengère qui m'a donné les coordonnées de l'équipe des éditions Larousse.

Enfin, je remercie infiniment toute l'équipe des Éditions Larousse. Emilie et Julie qui m'ont fait confiance dans ce projet, mais aussi Ewa avec qui j'ai eu la joie de travailler au quotidien : merci pour ton professionnalisme et tes apports qui ont énormément enrichi ce livre. Grâce à Sophie et Emmanuelle, nous avons de magnifiques photos : merci à toutes les deux, vous avez beaucoup de talent. Merci aussi à Élise, relectrice, pour ses remarques très pertinentes ainsi qu'à Valentine et Alain, graphistes, qui ont sublimé cet ouvrage. Grâce à vous tous, je suis très fière de ce livre !

Direction de la publication : Isabelle Jeuge-Maynart et Ghislaine Stora

Direction éditoriale : Émilie Franc et Julie Martin

Direction artistique : Géraldine Lamy

Édition : Ewa Lochet

Conception graphique et couverture : Valentine Antenni

Mise en page : Alain Béthune

Fabrication : Émilie Latour

Crédits photographiques

Sophie Dumont (stylisme Emmanuelle Levesque) : pages 9, 43, 44 (d), 53, 58, 59, 64, 73, 74, 77, 78, 81, 82, 85, 86, 89, 90, 93, 94, 97, 98, 101, 102, 105, 106, 109, 110, 113, 125, 134, 137, 139, 143, 153, 158 ;

© **Shutterstock** : pages 26, 34, 35, 44 (g), 49, 50, 51, 52, 56, 60, 61, 62, 67, 68, 70, 72, 75, 76, 79, 80, 83, 84, 87, 88, 91, 92, 95, 96, 99, 100, 103, 104, 107, 108, 111, 112, 131, 146, 152, 159, 162, 164, 172, 177, 178 ;

Isabelle Veverka : pages 13, 14, 20, 127 ;

DR : pages 182, 183, 184, 185, 186, 187.

Illustrations

© **Shutterstock** sauf page 36 (ht) : **Frédéric Manlay**

ISBN : 978-2-03-604319-0

Photogravure : IGS, 16 l'Isle d'Espagnac

Imprimé en Espagne par Graficas Estella

Dépôt légal : février 2023

332296/02 – 11053372 – avril 2023